FILATURE,
COMMERCE,
ET PRIX DES LAINES
EN ANGLETERRE.

FILATURE,
COMMERCE,
ET PRIX DES LAINES
EN ANGLETERRE,
OU
CORRESPONDANCE
SUR CES MATIERES,

Entre MM. BANKS, Président de L. S. R. de Londres, ARTHUR YOUNG, & plusieurs grands Propriétaires d'Angleterre.

TRADUIT DE L'ANGLOIS, PAR M. C. P.

A PARIS,

Chez CUCHET, rue & hôtel Serpente.

M. D. CC. LXXXX.

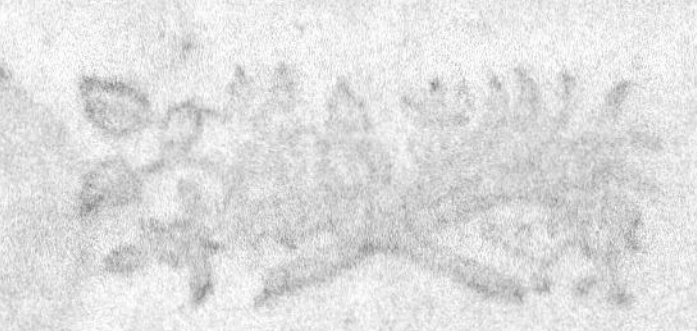

LES débats qui se sont élevés entre les propriétaires des *bergeries* & les *manufacturiers* d'Angleterre, à l'occasion du bill concernant l'exportation interlope des laines, que ces derniers viennent de présenter au parlement, ont donné lieu à la correspondance intéressante que nous offrons au lecteur. On y verra le prix des différentes especes de laines dans ce royaume, l'état de la Filature & les gains que font les ouvriers qui s'en occupent. Les principes que MM. Banks & Arthur Young, appuyés de l'autorité de Smith, y établissent contre le privilége exclusif dont jouissent les manufacturiers d'Angleterre, d'acheter toute la laine de ce royaume, sont de la plus grande folidité & très-conformes à ceux qu'une faine politique a fait adopter au gouvernement de France ; cependant le corps des manufacturiers a tant de prépondérance , que le bill préfenté a été foumis, le premier de Mai 1788 , à un examen préparatoire, & cent douze voix contre quarante-fept fe font déclarées en faveur des mefures propofées par ce bill. Ainfi malgré les vérités lumineufes que les favans Bancks & Young ont répandues dans leurs écrits , & malgré l'éloquence de MM. Erskine & Graham, qui ont fait voir dans leurs plaidoyers à la chambre des communes, que le pouvoir de punir par jurifdiction fommaire (1) des offenfes indéfinies , eft

____

(1) L'extenfion qu'on a donnée à la jurifdiction fommaire, annonce la décadence de l'admirable

arbitraire & abſolument ſans exemple ;
il paroît que les manufacturiers reſte-
ront en jouiſſance d'écraſer les propriétaires des bergeries, & de mener
au ſuplice les contrebandiers ſurpris à
leur faire concurrence.

Depuis Edouard III on regarde en
Angleterre la défenſe d'exporter la
laine comme le plus ſûr moyen d'en
faire fleurir les manufactures, & de
les élever au-deſſus de celles des autres
nations. Les actes de Rymer ne font
pas remonter ces défenſes plus haut
que le regne de ce prince, la loi qui
défend l'exportation de la laine ; mais

---

examen par juré, qui fait tant d'honneur à la nation ; & le pouvoir accordé à ces officiers de la couronne ſur la propriété du peuple, eſt porté à un
degré formidable. *Blackſtone comm. on the laws
of England*, tom. 6, chap. XX.

Edouard avoit moins l'intention de faire fleurir la manufacture de laine que de se venger du comte de Flandre, qui avoit embrassé en 1336 les intérêts de la France. En 1338 ce prince défendit l'exportation des moutons vivans, il ordonna aux baillis & aux collecteurs des douanes dans les ports, qui en auroient connoissance, de faire remettre à terre tous les moutons qu'on auroit embarqués (1). Ces loix qui étoient tombées en désuétude, ce qui n'empêchoit pas les manufactures de fleurir (2), ont été renouvelées en différens tems sous des peines très-séveres, même atroces, car le statut d'Elisabeth peut être regardé comme

---

(1) Vid. *acta Rymeri*, tom. II, part. IV. p. 17. Edit. de Neaulme, 1759.

(2) Anderson, hist. du commerce, an. 1376.

tel ; cette princesse, qui accorda une multitude de priviléges exclusifs, ordonne par le chap. 3 de ce statut, pour la premiere fois la confiscation des biens & l'emprisonnement pour un an, de celui qui transportera sur un vaisseau des moutons vivans ; que l'année de son emprisonnement révolue, il ait la main gauche coupée dans un marché ou place publique, & que cette main ainsi coupée, soit & reste attachée dans l'endroit le plus exposé à la vue ; que pour la seconde fois le coupable soit déclaré félon & puni comme tel (1). Les actes de Rymer & Blackstone ne font cependant mention que de la défense d'exporter des moutons vivans ; défense qui montreroit en effet des vues

____

(1) Blackstone, comment. sur les loix d'Angleterre, t. 6, chap. XII.

plus saines que celle d'exporter la laine en toison, puisqu'en empêchant les nations étrangeres de se procurer des moutons de la race d'Angleterre, elles restoient tributaires de ce royaume pour les laines dont elles avoient besoin, & que l'Angleterre pouvoit leur fournir en grande quantité sans en manquer pour ses propres manufactures. En 1660 Charles II fit une loi portant défense absolue d'exporter de la laine en toison, on y eut sans doute peu d'égards, puisque le même prince, probablement dans un accès de fureur, déclara coupable de félonie tout homme qui exporteroit de la laine ; mais cette sévérité répondit si peu à l'intention qu'il avoit de faire fleurir les manufactures, qu'en 1665 on passa un acte qui ordonnoit d'ensevelir les morts

dans une étoffe de laine ; ordre fin-
gulier qui forçoit d'employer à l'ufage
des morts ce que les vivans n'avoient
pu acheter. Les ftatuts 12e. chap. 32
de Guillaume, bornerent en 1688 la
peine de celui qui tranfporteroit des
moutons & de la terre à foulon, à la
confifcation du vaiffeau dont le capi-
taine devoit en outre garder prifon,
ainfi que les matelots, pendant trois
années (1), il abolit la peine de mort
comme trop févere. En 1697 ce
même prince porta une loi qui ftatua
qu'il ne feroit plus permis de charger
fur des chevaux ou des voitures dans
les cantons qui bordent la mer, particulierement dans les comtés de Kent &
de Suffex, fi ce n'eft entre le lever &

----

(1) Blackfton, *ibid.*

a iv

le coucher du foleil, fous peine de confifcations; ce font ces mêmes reftrictions que le bill fe propofa d'étendre à toutes les côtes du royaume (1) en l'année 1717: le ftatut IV de George I, ajoute que fi la confifcation n'a pas lieu, le coupable fera tranfporté pour fept ans. En 1732 le confeil de commerce fit un rapport contre le plan formé par les manufacturiers pour renouveler le regiftre général de toute la laine d'Angleterre : en 1739 un nouvel acte concernant la laine paffa; le préambule de cet acte déclare que l'exportation clandeftine eft notoire & confidérable : en 1752 les manufacturiers demanderent des reftrictions plus féveres, & prouverent que la contre-

______

(1) La queftion des laines bien établie. Lond. 1788.

bande exiſtoit ; enfin dans les années 1786 & 1787 ils reprirent dans une de leurs aſſemblées à Exéter le plan du regiſtre , & il fut réſolu que tous les propriétaires de laine en Angleterre ſeroient tenus d'enregiſtrer ſous ſerment , le nombre & le poids de leurs toiſons ; & ce corps formidable eſt parvenu à faire paſſer ce bill malgré les réclamations des gens les plus éclairés d'Angleterre (1).

On voit clairement que pendant ce long eſpace de cent vingt-huit ans, les loix prohibitives n'ont pas été un ſûr moyen d'arrêter la fraude , au contraire en mettant les propriétaires à la merci des manufacturiers , la prohibition a établi une différence conſidérable

____

(1) La queſtion des laines , &c.

entre les prix des laines d'Angleterre, & ceux des laines de toutes les autres parties de l'Europe; cette différence excite la cupidité des fraudeurs, est très-nuisible aux intérêts des propriétaires, & n'est pas même aussi avantageuse aux manufactures qu'on pourroit le croire.

Ces prohibitions paroissent avoir eu pour principe l'opinion où l'on a été longtems en Angleterre, que la laine de ce royaume est absolument essentielle à la fabrication des étoffes que l'on fait en France; il est vrai qu'on s'en sert pour la chaîne des étoffes rases & légeres; mais il ne sera pas impossible de s'en passer; car malgré que la laine d'Angleterre soit réputée la meilleure de toute l'Europe, on ne peut nier que le croisement des races de moutons de ce royaume, avec ceux de Caftille, qu'Edouard I V obtint dans le quinzieme fiecle, ainfi que l'excellente éducation qu'on leur a donnée, ne foit le fondement de cette profpérité dont les Anglois fe glorifient. C'eft du croifement des brebis d'Angleterre & des béliers d'Efpagne, renouvelé par Elifabeth, qu'eft venu la race bâtarde, plus belle que toutes celles qui exiftoient en Angleterre. On s'occupe aujourd'hui en France du foin d'améliorer les races de moutons & leur éducation ; M. Daubanton a déjà obtenu de la laine longue & liffe, la feule que nous foyons obligé de prendre en Angleterre ; MM. Delporte de Boulogne élevent un troupeau à la maniere angloife, & M. Cliquot de Blervache a montré dans un très-bon mémoire, la poſſibilité de régénérer en Champagne la race des moutons. (Mémoire de la ſociété royale d'agriculture, année 1787) Il eſt vrai que l'Angleterre a un grand avantage dans la température de ſon climat & la qualité de ſes pâturages toujours verts qui en font, dit *Mills* (1), l'un des pays les plus favorables à l'éducation des troupeaux. L'air de la mer dont nous ſommes entourés, ajoute-t-il, eſt regardé comme auſſi favorable à la ſanté des moutons qu'à la fineſſe de leur laine ; cet air de la mer eſt ſi ſalubre pour eux que les gens de la campagne qui en font à une certaine diſtance, trouvent de l'avantage à incorporer dans leurs troupeaux ceux qui en font

____

(1) Treatiſe on Cattle. Lond. 1776.

plus près. Plusieurs provinces de France offrent de semblables avantages, le Boulonnois en particulier : en comparant le sol de cette province avec les comtés de Kent & Sussex, j'ai « remarqué, dit M. Roland de la Pla-
» tiere, que les vallées & les prairies
» voisines de la mer sont également
» des conquêtes faites sur cet élé-
» ment , & les pâturages sont les
» mêmes ; l'un & l'autre pays est en
» côteaux, avec des aspects absolument
» semblables ; on y trouve le même
» fond de terre , du sable plus ou
» moins mêlé d'argile ; les mêmes
» productions naturelles en arbres &
» en plantes ; les terreins coupés &
» les possessions également divisées ;
» le produit des terres cultivées, de
» la même nature , plus abondant en

» Angleterre, uniquement par la dif-
» férence de la culture : on trouve de
» part & d'autre beaucoup de terres
» à briques, à tuiles, à poteries, à
» fayance, à foulon, &c., des bancs
» d'argiles pur entre des fables crus,
» & quelquefois fi proches de la
» furface de la terre qu'ils y entre-
» tiennent une fraîcheur perpétuelle,
» & fouvent en Boulonnois, des joncs,
» des bourbiers, des efpeces de marais
» & des paffages dangereux dont on
» a fu tirer bon parti en Angleterre,
» en les cultivant au profit du champ;
» on trouve de fortes & larges haies
» pour défendre les héritages, em-
» pêcher la communication des ani-
» maux qui paiffent çà & là, & plus
» encore en Boulonnois, pour fe pro-
» curer du bois de chauffage, poﬅr le

» four & la cuisine, & en Angle-
» terre de la rame aux mêmes usages
» domestiques, surtout dans les lieux
» éloignés de la mer & des rivieres
» navigables où le charbon de terre
» ne peut être qu'à grands frais, &
» par-tout pour en refendre les plus
» grosses branches, & les employer
» à faire des barricades si communes
» & si utiles en Angleterre pour fer-
» mer les parques, diviser & clore
» les champs qui n'ont ni haies ni
» fossés ».

Nous pouvons cultiver les turneps, le ray-grass, que les Anglois emploient si utilement comme le supplément des pâturages naturels.

Nous pourrons donc, ainsi que les Anglois, nous procurer des laines d'une bonne qualité, & en grande quantité.

Le gouvernement veut protéger l'agriculture & le commerce ; nos manufactures ne craindront point la rivalité de celles d'Angleterre, & l'agriculture s'élevera au degré de perfection dont elle est encore susceptible en France. Les gens éclairés en Angleterre le savent & le craignent, comme on le verra par la lecture de cet ouvrage ; les manufacturiers seuls paroissent en douter.

Les maisons de travail sont des institutions très-utiles en Angleterre , mais il ne suffit pas d'offrir de l'occupation aux pauvres, il faut encore souvent les obliger à travailler & vaincre leur paresse. Il nous a semblé qu'il seroit intéressant de présenter un extrait des loix que les Anglois ont faites sur ce sujet , loix qu'il paroît si difficile de

concilier

concilier avec la liberté de chaque individu.

Celui qui ne poſſede point de terre, ou qui ne fait pas quelqun·commerce, ou qui ne fait pas quelque métier pour gagner ſa vie, les *churchwardens*, (anciens de ſa paroiſſe) les inſpecteurs, peuvent le mettre à l'ouvrage, & s'il le refuſe, un juge peut les envoyer à la maiſon de correction ; il peut en faire autant de ceux qui refuſent de travailler pour un ſalaire raiſonnable.

Toute perſonne élevée aux travaux de l'agriculture, ou dans quelques-uns des arts de commerce, & qui n'a aucun moyen viſible de gagner ſa vie, ſi elle eſt au-deſſous de trente ans, peut être avertie par deux juges, de prendre du ſervice, à certain jour, & ſi elle néglige de le faire, ou qu'elle le refuſe, elle peut être envoyée à la maiſon de correction. Statut d'Eliſabeth, c. 4.

Un juge peut mettre en priſon pendant deux jours & une nuit, ceux qu'il connoît capables de travailler & qui refuſent de le faire dans la moiſſon, lorſqu'il le leur a commandé. Stat. III d'Eliſabeth, c. 4.

Les artiſans doivent également travailler dans le tems du fanage & de la moiſſon, & s'ils le refuſent, le conſtable les mettra en priſon, & ſi le conſtable ne le fait pas il eſt à l'amende de 40 ſchellings. Dans le fanage & la moiſſon, les ouvriers peuvent aller travailler dans d'autres pays ; mais ils doivent avoir un certificat ſigné du juge, pour prouver qu'ils n'avoient pas d'ouvrage dans l'endroit où ils ont paſſé l'hiver d'avant.

Tems que les ouvriers doivent travailler.

Si les ouvriers travaillent par jour ou par semaine, ils doivent commencer à cinq heures du matin, & finir à sept heures du soir, & cela depuis le milieu de Mars jusqu'au milieu de Septembre, & dans le reste de l'année, depuis le point du jour jusqu'à l'entrée de la nuit; depuis Mars jusqu'en Septembre on leur accorde deux heures pour dé-jeûner, dîner & collationner; mais depuis la mi-Mai jusqu'à la mi-Août, ils ont une demi-heure de plus pour dormir; dans les autres tems de l'an-née ils ont une heure & demie pour déjeuner & dîner.

Le maître peut leur retenir un sou sur leur salaire, pour chaque heure de tems qu'ils perdent. Stat. IV d'Elisabeth, c. 4.

Leurs salaires.

Les salaires des artisans, des ouvriers, doivent être fixés annuelement par le schérif du comté ; suivant le statut V d'Elisabeth, c. 4, les juges de paix résidens dans le même comté, ont le même pouvoir par le stat. de Jacques I, c. 6, dans leur session tous les étés ou six semaines après. Ces sessions doivent être certifiées sous le sceau du chancelier qui envoie une proclamation dans tous les comtés & à toutes les corporations, avant le premier Septembre.

Tous les juges qui sont absens lors de la taxation des salaires, sans être malades ou sans donner d'excuse va-

lable qui puiſſe être prouvée ſous ſerment, ſont à l'amende de dix livres
ſterling.

Les maîtres qui donnent des ſalaires
plus forts que ceux qui ſont taxés, ſont
à l'amende de cinq livres ſterlings. Les
ouvriers qui reçoivent de plus grands
ſalaires que ceux qui ſont taxés & qui
en ſont convaincus devant deux juges,
ſont renvoyés pendant vingt jours ;
mais un maître peut récompenſer un
ouvrier de la maniere qui lui paroît
convenable, pourvu que ce ne ſoit
pas par forme de contrat.

Par le ſtatut I. d'Anne, tous les
paiemens pour ouvrage de laine, de
lin, de coton, doivent être en mon-
noie courante, & non en vêtemens,
ou autres marchandiſes, ni en alimens.

Rapport des poids & mesures d'Angleterre, dont il est question dans cet ouvrage, avec les poids & mesures de France.

PAR le vingt-septieme chapitre de la grande charte d'Angleterre, les poids sont les mêmes dans tout ce royaume ; mais pour la commodité, ils sont de deux especes, la livre *troy* & la livre *averdupois* ; la livre troy est plus petite que la livre averdupois. La premiere est à la seconde, comme 88 est à 107, à peu-près ; la livre *troy* est de 12 onces ; elle est à la livre de 16 onces, poids de marc de Paris, comme 16 est à 21. On se sert de la livre *troy* pour peser l'or, l'argent, les diamans, les liqueurs, &c. La livre *averdupois*, celle dont il est fait usage

dans cet ouvrage, parce qu'elle fert à pefer toutes les marchandifes d'un grand
volume, comme le fer, la laine, le
chanvre, &c. contient 16 onces : elle
eft à la livre de deux marcs de Paris,
comme 63 eft à 68 (1); de forte que
100 livres de Paris égalent 109 livres
averdupois, à très-peu près; & 100
livres averdupois valent feulement 92
livres 10 onces de Paris.

Nous n'avons pas réduit dans cet
ouvrage les différens poids dont il eft
fait mention, parce qu'ils ne montent
fouvent qu'à 28 ou 30 livres, qui
valent 25 à 26 livres de Paris.

Mais nous avons réduit à la mefure
de Paris celle dont on fe fert communément en Angleterre, c'eft-à-dire le

____

(1) Philofophical Tranfactions, ann. 1749.

yard, parce que le nombre de ces mesures est grand, & que nous avons cru par ce moyen épargner des calculs assez fastidieux à nos lecteurs. Le yard d'Angleterre est à la demi-toise de Paris, comme 107 est à 114 (1), ce qui donne pour le *yard* 33 pouc. 9 lig. du pied de Paris, cependant on l'évalue ordinairement à trois quarts d'aune, ou plus exactement aux sept neuviemes de l'aune. Nous avons calculé sur le pied de trois quarts, pour ne pas faire d'erreur dans les nombreux calculs que nous avons été obligés de faire.

---

(1) Philosophical Transactions, ann. 1749.

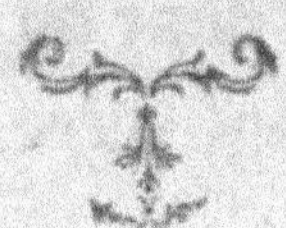

FILATURE

FILATURE,
COMMERCE,
ET PRIX DES LAINES
EN ANGLETERRE.

LE bill concernant la laine, qui a été si généralement condamné par tous ceux qui ont pris la peine de l'exàminer, fut, dès le commencement de l'affaire, vivement appuyé à Norwich. Les manufacturiers de cette ville prirent différentes résolutions pour le soutenir, & en furent, à tous les égards, les premiers & les plus zélés partisans ; mais il y a grande raison de croire qu'ils s'avancerent plus loin que leurs compagnons, & qu'ils firent du bill présenté au parlement, un motif pour changer le prix donné pour la Filature ; ce qui fit presque mourir de faim les pauvres dans les deux comtés de Norfolk & de Suffolk.

Ces changemens furent accompagnés de diverses déclarations fréquemment répétées ; & les papiers publics furent remplis d'écrits où l'on se plaignoit qu'on exportoit frauduleusement tant de laine, que les manufactures de France étoient enrichies aux dépens des nôtres qui déclinoient prodigieusement ; & que cette exportation clandestine étoit cause qu'on ne pouvoit donner un meilleur prix pour la Filature des laines. Les possesseurs de terres des deux comtés s'étant associés pour s'opposer au bill concernant la laine, les manufacturiers penserent que ce seroit attaquer leur délicatesse, sachant bien que les pauvres devoient avoir recours à leur paroisse, comme à un appui. Ils crurent pouvoir étouffer l'opposition des deux comtés dont la moitié s'étoit déclarée ouvertement contre le bill. Le

sujet ne fut pas plutôt proposé dans cet
ouvrage , que je fus attaqué dans les
papiers des deux comtés ; ce qui m'en-
gagea à écrire la lettre suivante : « quoique rien ne soit plus éloigné de mes
sentimens, que de penser à répondre aux
injures anonymes des papiers publics , cependant comme j'ai, dans ces comtés plusieurs correspondans respectables , quelques-uns desquels pensent que ce seroit
montrer une attention convenable pour
le public , de présenter les raisons que
j'ai de penser que les pauvres sont mal-
traités par l'état présent du commerce
de la Filature , j'acquiesce à leur opinion,
& je vais donner en peu de mots les
raisons de la conduite que j'ai adoptée.
Je suis fâché d'être obligé de rendre
compte des quatre attaques qu'on m'a
faites en quinze jours ; mais je n'irai pas
plus loin que ne me forcent à le faire les
faits allégués par les personnes qui me
font l'honneur de se déclarer mes en-
nemis ».

A ij

Les fermiers de ces deux comtés qui trouvent que l'augmentation de la taxe des pauvres est en raison de la médiocrité du paiement de la Filature, savent que la misere parmi les pauvres est en proportion de l'irrégularité de leurs gains ; accoutumés, dans le bon tems, à gagner six, huit ou neuf (1) sous par jour, ils ne font point du tout préparés (il en seroit de même de nous) à supporter la perte de la moitié de leur revenu. Leur refuge est dans la paroisse.

Mais de tout côté on est d'accord de cet inconvénient, & la question soumise au jugement des deux comtés, consiste à savoir, si l'on continuera de tenir les pauvres dans une dépendance aussi précaire des manufactures, ou si au contraire on imaginera quelque moyen pour donner à leur industrie une meilleure direction.

––––––––––

(1) Le sou anglois vaut deux sous tournois.

En traitant ce sujet dans les annales d'agriculture, il m'étoit impossible d'expliquer ce que je concevois être la cause de la misere des pauvres, sans offenser les gens qui les emploient.

Les intéressés dans le commerce de la Filature, tremblant à chaque mots prononcés sur ce sujet, m'ont attaqué quatre fois sur quelques passages de peu d'importance, insérés dans ces annales.

Ce seroit pour moi une occupation bien agréable, si je n'avois qu'à rétracter publiquement mes erreurs, car dans ce cas il n'y auroit pas dans ce commerce un grand inconvénient, & les pauvres pourroient espérer d'être mieux, c'est-à-dire, d'avoir des gains plus réguliers; mais malheureusement je ne puis le faire pour le présent. Les manufacturiers & les facteurs de laine ont publié la défense de leurs procédés, & au lieu d'éclaircir la matiere, ils l'ont enveloppée d'épaisses ténebres. Je n'examine point s'ils m'ont maltraité dans cette occasion. Je me présente avec joie à leurs traits foibles ou puissans, car de quelle importance sont les sensations particulieres d'un individu, en comparaison des souffrances de mille malheureux qui veulent travailler, & que leur travail mal payé laisse mourir de faim ; d'une multitude d'enfans indus-trieux, offrant leurs petites mains au travail, & demandant du pain à leurs mères infortunées, incapables de leur en donner dans ces manufactures *si bien ré-glées ?*

Il y a un vice dans ce commerce, ou il n'y en a pas. S'il n'y en a pas, pourquoi ceux qui le font, paroissent-ils si soigneux de se défendre ? L'ignorance & la mé-chanceté qu'ils me reprochent doivent être sans effet, & ne trouver que le mé-pris du silence. Tout le comté sait si telle a été la conduite des commerçans. Mais si au contraire il y a quelque vice radical dans les manufactures, la province doit certainement l'examiner avec soin, & si elle trouve qu'il ne résulte de ces associations & de ces moyens illégitimes d'obtenir des profits excessifs, que la chûte de nos manufactures de laine, alors il conviendra de prendre tous les moyens que l'industrie humaine pourra suggérer pour détruire ce vice, & ce sera un objet national. Je conviens que cela a été en question jusqu'à ces derniers tems, mais je ne conviens pas qu'il en soit ainsi maintenant. Malheureusement pour les intérêts de ce commerce, ces personnes ont voulu se faire imprimer; mauvais moyen qu'ils auroient mieux fait de ne pas employer.

Dans le journal d'Ipswich, du 12 Janvier 1788, on trouve un exposé de ce commerce, par un fabricant de laine filée. On peut l'abréger ainsi en peu de mots :

I. Il y a cent commerçans de laine filée à Suffolk; c'est pourquoi il ne peut y avoir d'accord, de ligue entr'eux :

II. Qu'il est mieux de payer les fileurs irrégulierement, que régulierement ; &

A iv

qu'il vaut mieux bien payer le pere de famille que la femme & les enfans.

Plusieurs personnes très-respectables croyent qu'il y a un accord entre les commerçans de laine filée, pour donner par-tout le même prix ; cet écrivain assure qu'il n'y en a pas. Si c'est-là cette preuve lumineuse que demande l'étendue & la nature du mal, le monde sera, en vérité, aisément satisfait.

Les paiemens irréguliers font mourir de faim les fileuses ; il n'est pas aisé de concevoir que des paiemens réguliers puissent faire pis ; il ne l'est pas plus que nous puissions adopter une doctrine dont le résultat est pernicieux, ni que le commerce rende justice au pauvre en général, parce que les peigneurs de laine sont bien payés, ce qui est certainement beaucoup mieux que de bien payer une fileuse. Donner chaque semaine dix à douze schellings à un peigneur de laine qui en boira la moitié, peut-être même les trois quarts au cabaret, est assurément une très-grande consolation pour une malheureuse famille qui manque de pain , parce qu'elle est mal payée de ce qu'elle a filé. Mais la partie la plus curieuse de cet ouvrage, est l'exposition de la maniere exacte dont les fileuses font payées par devidoir, par fil & par pouces; on y explique foigneu-fement ce que tout le monde fait, & l'on évite plus foigneufement encore, le plus petit mot fur le point qui feul fait l'état de la queftion. Décrire la maniere dont on paye les fileufes, c'eft décrire le mal dont la province fe plaint , mais non pas dire la néceffité de ce mal, ce qu'il fau-droit démontrer. Une pauvre famille gagnoit vers l'année 1778, ce qu'on ap-pelle un fchelling , pour un fchelling (1), c'eft-à-dire cent pour cent plus qu'à pré-fent. Le commerce étoit bon il y a quatre ou cinq ans, mais pas tout-à-fait fi bon. Nous avons demandé à quoi étoient dues ces variations, & nous avons reçu des

---

(1) Le fchelling vaut vingt-quatre fous tournois.

réponses qui n'expliquoient rien du tout de ce que nous défirions.

Mais il y a quelques circonftances qui demandent l'attention des gens fenfés des deux comtés, & qui ne paroiffent pas avoir été fuffifamment examinées. On nous dit que le prix de la Filature eft très-bas, parce que les manufactures ne font point de demandes. Mais on nous dit auffi dans le même papier, qu'à Norwich les fabricans d'étoffes ne mettent aucun ouvrage fur le métier, à moins qu'ils ne reçoivent des ordres pour fournir des marchandifes, qu'ils ceffent de travailler dès que les demandes font remplies, & qu'ils ne recommencent l'ouvrage que fur de nouvelles demandes. — Cet aveu, très-important pour le fujet, explique plus qu'on ne pouvoit s'y attendre.

D'abord il eft difficile de fe former une plus trifte idée que celle d'une manufacture où l'on attend des ordres avant de mettre à l'ouvrage les pauvres qui dépendent de cette manufacture. Cela forme

un tableau si extraordinaire, que je ne
sais où l'on iroit pour en trouver un pareil;
peut-être cependant Wiltshire offriroit-
il quelque chose de semblable. Mais
cette conduite est totalement inconnue
dans les manufactures actives de Birming-
ham, de Yheffield, de Wolverhampton,
de Manchester & d'Hetruria. Une stagna-
tion dans le commerce, une guerre
d'Amérique peuvent suspendre leurs travaux; mais on n'a jamais ouï dire que
ces fabricans fissent dépendre le pain de
leurs pauvres, des variations perpétuelles
de leurs ordres. Sur quoi les pauvres fileuses
doivent-elles compter, si ce n'est sur le
capital de ceux qui les emploient? Et ce
capital peut-il être employé plus naturellement, plus convenablement & plus
d'accord avec celui des autres manufactures du royaume, qu'à détruire les variations du commerce, & assurer la fileuse
contre les changemens des tems? Ensuite
remarquons que les fileuses qui ne peuvent
obtenir de meilleur ouvrage, sont em-

ployées par-tout à préfent, & comme les manufacturiers de Norwich ne mettent jamais d'ouvrages fur le métier, qu'ils n'aient reçu des commandes, & qu'on affure que l'affoibliffement du commerce de Filature eft dû au défaut de demandes, qu'on me dife actuellement au profit de qui tourne la diminution du prix de la Filature ? Lorfque de grandes demandes arrivent à Norwich, nous apprenons qu'on y donne un meilleur prix pour le filage ; pourquoi ? Parce qu'on fait des demandes. Mais n'y auroit-il pas auffi des demandes pour la laine que les ouvriers filent aujourd'hui en mourant de faim ? Et fi cela eft ainfi, n'eft-il pas manifefte que quelqu'un en retirera du profit, foit le marchand de laine, foit fon commis-vendeur, en proportion du bas prix auquel la Filature eft aujourd'hui ? Si ce n'eft pas là une bonne conclufion, deux & deux ne font pas quatre.

Puifqu'il y a des raifons fi plaufibles pour fuppofer que les malheurs du com-

merce ne font pas partagés également,
mais que toute la perte retombe fur les
fileufes ; puifque la manufacture eft conduite par des principes qui ne permettent
pas aux pauvres de tirer aucun avantage
des grands capitaux qu'on y employe,
les perfonnes de la province dont les
biens font grevés par un furcroît de taxe
des pauvres que cette fabrique a rejeté
fur elles, n'ont-elles pas droit de s'adreffer
aux commerçans & de leur dire : « ne
» nous foulez pas, en étendant vos dé-
» teftables abus fur nous, qui nous effor-
» çons de foulager la fituation du pauvre ;
» mais agiffez franchement & généreu-
» fement ; montrez-nous vos livres tenus
» régulierement, & fi vous pouvez nous
» prouver que vous ne faites pas plus de
» profits lorfque le prix de la Filature eft
» bas, que lorfqu'il eft haut, nous fommes
» fatisfaits, & nous ceffons de croire
» que vous faites des profits illégitimes».
Que les marchands montrent, pour répondre à cela, les prix auxquels ils ven-

dent, & leurs proviſions de laine filée à différens tems, & l'on verra bientôt ſi les ſoupçons auxquels ils ont donné lieu, ſont juſtes ou non.

Mais doit-on s'attendre à une conduite ſi franche ? Non ſans doute, & c'eſt pourquoi ils doivent garder le ſilence. Il n'eſt pas néceſſaire après cela de rapporter l'aſſertion d'un habitant de Norwich, qui s'appelle mon ami, ce dont je ne ſuis pas fort flatté ; il me dit : vous ſavez & vous ne pouvez nier que lorſque les ſalaires augmentent, la fileuſe ne reçoive auſſi-tôt cette augmentation, même pour un travail encore entre ſes mains, & qui a été entrepris à un prix plus bas ; de ſorte que la fileuſe a toujours l'avantage dans ces deux variations. Puiſque l'on vient ſi près du point principal, & qu'on omet un ſeul mot ſur le ſujet dont il eſt queſ-tion, nous pouvons aiſément conclure, ce qu'à la vérité nous ſavons tous, qu'il n'y a point de rétribution pour les fileuſes, & conſéquemment qu'elles ſont cruellement fruſtrées. Suppoſons un marchand de laine qui dans la morte ſaiſon emploie un capital en laine filée qu'il ne vend pas ; lorſque les demandes arrivent & qu'il diſpoſe de cette laine, les fileuſes partagent-elles l'augmentation du prix, & le profit qu'il fait deſſus ? Que le profit reſte dans une telle ſuppoſition, au marchand, au facteur ou au manufacturier, cela eſt égal aux fileuſes ; c'eſt un profit dans lequel elles ne participent pas.

Le même écrivain veut inſinuer dans un autre paſſage, que les pauvres ſe croient mieux traités par les marchands de laine, que par les poſſeſſeurs de terres & par les fermiers ; « ils ſont, dit-il, auſſi attachés à notre corps, & le reſpectent autant que celui auquel vous apparte-nez ». Si cette aſſertion eſt vraie, elle décele une dépravation que je crois qu'on ne trouvera pas dans la nature humaine. Les fermiers payent les mêmes ſalaires avec du blé, lorſqu'il eſt à bas prix, comme lorſqu'il eſt cher ; & ils payent

maintenant de plus forts salaires qu'ils
ne le faisoient il y a plusieurs années, &
cela avec une augmentation considérable
de taille & de taxe pour les pauvres,
qu'ils doivent à cette manufacture. Il ne
faut pas une grande sagacité pour découvrir à qui des deux corps l'attachement
& le respect sont dus.

Si nous revenons au prix de la laine
cardée, il nous fournira une forte raison
pour penser que le prix de la Filature ne
doit pas être si bas. Cette laine se vend à
présent le double de ce qu'elle se vendoit
il y a huit ou neuf ans; il est donc évident qu'on en demande. Nous savons
aussi que les fileuses, quoique très - mal
payées, sont toutes employées : rassem-
blez ces faits, ne semblent-ils pas prouver
que le prix qu'on donne aujourd'hui pour
le filage, est une imposition sur les pauvres,
qui exige au moins de meilleures preuves
pour être établie, que celles que donnent
les marchands, lorsqu'ils disent : *nous ne
pouvons pas payer davantage ?* J'ai démontré

montré que le haut prix de la laine n'eſt
pas dû à la fraude, & je l'ai prouvé d'une
maniere qui met en défaut toutes les
aſſertions que les marchands avancent,
contraires à cette vérité, & qui laiſſent
complettement ſans raiſons ſolides la
demande qu'ils font aujourd'hui de nouveaux actes, pour empêcher cette prétendue fraude.

Mais il y a encore une autre circonſ-
tance qui aggrave la miſere des pauvres
gens dans ces deux comtés, c'eſt qu'en
général les manufactures de laine du
royaume ſont aujourd'hui dans une proſpérité preſque ſans exemple, c'eſt ce
dont je ſuis informé. Il eſt à déſirer que ce
fait ſe confirme bientôt par une prompte
motion, pour permettre l'exportation de
la laine, comme elle l'a été ci-devant.
On verra alors que cet infame bill dont
il eſt queſtion à préſent, eſt né de la
proſpérité, & non de la décadence de
notre commerce. Une autre obſervation
très-remarquable, c'eſt que dans le Yorc-

shire, comme je l'apprends par une lettre
que j'ai fous les yeux, une bonne fileufe
de laine peignée gagne depuis neuf fous
jufqu'à un fchelling par jour, pour celle
que mon correfpondant appelle fuperfine,
un fchelling pour la deuxieme, & la
troifieme neuf fous. On m'apprend auffi
que dans le Lancashire les fileufes de
laine longue n'ont rien à fouffrir des
mortes faifons. Je préfenterai au public,
dans les annales d'agriculture, les obfervations qu'on m'a communiquées. Il n'y
a donc pas la moindre raifon de croire
que les fileufes de ces comtés foient beaucoup plus maltraitées que les autres qui
filent toujours la même laine; & c'eft certainement un objet digne de recherchés,
de favoir fi des familles auffi nombreufes
& auffi fouffrantes doivent dépendre totalement du commerce de Norwich, ville
où les pauvres font rivalifés par une importation immenfe de laine filée d'Irlande (1), & où les manufacturiers fe

____

(1) Il feroit bon de rechercher fi la laine filée, importée

conduisent par des principes évidemment
ruineux pour ces mêmes pauvres.

A quelque cause que soit dû le mal
présent, l'étendue de ce mal exige la
plus sérieuse attention de la part des
fermiers & des propriétaires de terres
de la province. Il n'y a qu'un moyen du-
rable, c'est de délivrer les pauvres de
cette entiere dépendance où ils sont des
manufactures, en leur offrant une autre
ressource ; on la peut trouver dans le
chanvre, dont la culture & le travail
peuvent être aisément encouragés. Tout
le monde voit qu'il est d'une importance
générale pour le public, d'être bien informé de l'état de l'exportation de nos

---

d'Irlande pour Norwich, varie dans son prix, selon les
variations de la Filature de ces deux comtés. J'ai d'autres
raisons pour désirer cela, & je serois très-obligé aux personnes qui voudroient bien m'envoyer les prix de la laine
d'Irlande, depuis quelques années ; je suis fondé à croire
que ces prix n'éprouvent pas de telles variations. Conséquemment la manufacture de Norwich soutient régulierement la Filature des pauvres étrangers, tandis qu'elle fait
souffrir aux nôtres des variations qui les affament.

laines , du prix de la matiere premiere, & de celui qui est donné par le manu- facturier, pour le travail du pauvre. Ces points ont un rapport intime entr'eux, & doivent être connus en même tems. Le public fera probablement instruit dans le cours de cet ouvrage, du premier objet, par un de mes amis. Pour obtenir les éclaircissemens concernant les deux autres, j'ai écrit dans différentes parties du royaume. C'est cette correspondance que je me propose de mettre sous les yeux du lecteur. La plupart de ces ob- servations font très-utiles.

YORKSHIRE.

De Scorton, le 12 Janvier 1782.

I.

LA race commune des moutons nourris dans des champs clos dans ce canton, ne produit que de la laine peignée. Le

prix moyen des toisons est d'environ
sept livres ; le prix d'un poids de 18 liv.
étoit dans l'année 1785, depuis 9 schellings jusqu'à 9 schellings & 9 sous ; en
1786, de 9 schellings & 6 sous, à 10
schellings & 6 sous ; en 1787 de 11 schellings à 11 schellings & 6 sous ; le prix
actuel est depuis 12 schellings jusqu'à
13 schellings & 6 sous. Mais si le
nouveau bill concernant la laine passoit
malheureusement à la chambre des communes, on peut supposer avec beaucoup
de probabilité que ce prix seroit considérablement réduit. Une très-petite quantité de cette laine est manufacturée dans
le lieu où elle est produite. Il est vrai
qu'on en prépare une partie pour les
métiers. Les peigneurs de laine la divisent
en trois especes ; la superfine, comme ils
l'appellent, qu'ils ont filée en trente-six
écheveaux de cinq ou six cents tours de
devidoir de trente-trois pouces de circonférence, & pour cela on paye à la fileuse
1 schelling & 10 sous de la livre. Pour

la seconde espece, en 24 écheveaux, on donne 11 sous & demi; & pour la troisieme filée, en 18 écheveaux, 8 sous & demi. En filant la laine superfine, une bonne ouvriere peut gagner un schelling par jour; en filant la deuxieme & la troisieme, elle gagne 9 sous. Les peigneurs de laine font une déduction sur les salaires des fileuses; mais si nous en croyons le rapport de ces dernieres, elle n'est ni déraisonnable ni arbitraire. Quelquefois ils payent onze sous pour un schelling, & quelquefois treize, selon le prix de la vente. Le filage du lin est, pour le profit, de beaucoup inférieur; la meilleure ouvriere ne peut gagner à ce travail, qu'un peu plus de six sous par jour; de sorte que la Filature du lin est à présent presque généralement bornée dans les fermes, à faire le linge de leur propre consommation. Je ne puis terminer ces observations sur le commerce de la laine, sans vous remercier bien sincerement, monsieur, de vos soins en faveur des propriétaires des terres, & fans vous affurer que je n'abandonnerai point les recherches fur un objet fi effentiellement lié à l'intérêt de toute la nation.

La lettre fuivante eft tellement d'accord avec le plan de vos annales, que je la tranfcris avec plaifir pour cet utile recueil. *Signé* HOLMES.

I I.

J'AI vu dernierement, avec autant de furprife que de chagrin, annoncé dans vos papiers publics, que les membres du comté d'Yorck avoient foufcrit une certaine fomme d'argent pour payer la dépenfe d'un bill concernant la laine, qui doit être préfenté au parlement dans cette feffion. Comme je ne fais fi c'eft celui du Wiltshire, puifqu'il a fouffert quelques altérations dans plufieurs articles dans le Yorkshire, ou fi c'eft un nouveau bill qui a pris naiffance fur les mêmes principes, dans cette derniere province ; mes obfervations fur cet objet ne

peuvent être que générales. L'objet avoué
de tous les bills concernant la laine, depuis l'infame bill de Charles II, a été
de prévenir la sortie clandestine de cette
marchandise, & l'encouragement de nos
manufactures ; mais ce motif, quoique
appuyé par des loix pénales très-séveres,
n'a jamais entierement répondu à cette
intention ; il a eu au contraire un effet
totalement opposé.

Il a fait des manufactures de laine un
monopole absolu, au détriment des possesseurs de terres. Il n'est pas probable
actuellement, quand même on n'auroit
pas eu des preuves répétées qui le démontrent, que les membres du parlement
intéressés de si près dans les possessions
de ce royaume, fussent assez imprudens
pour donner une sanction législative à
des loix si diamétralement opposées à
leur propre intérêt & à celui de toute
la nation.

Quoique le traité de commerce avec la
France ait fait hausser, depuis peu, le

prix de nos laines, cependant n'eſt-il pas encore & n'a-t-il pas été pendant pluſieurs années au-deſſous du prix des laines de la même qualité dans tous les royaumes de l'Europe ? Cela eſt ſi évident, qu'il a été bien calculé que les propriétaires de troupeaux donnent indirectement aux manufacturiers, une prime de deux millions ſterlings (1) par an, pour exporter des marchandiſes du double de cette valeur. Qu'un ſiecle qui ſe vante d'avoir des idées ſi élevées de la politique, faſſe de nouvelles & de plus ſéveres loix en faveur du monopole, c'eſt une contradiction que je laiſſe volontiers à réſoudre ou à défendre aux partiſans du bill propoſé. Ouvrons les glorieuſes annales d'Eliſabeth, y trouverons-nous quelques preuves que l'exportation de la laine ait été défendue ſous ſon regne ? Et ſous quel regne les manufactures ont-elles été ſi floriſſantes ? Mais lorſque la

____

(1) La livre ſterling vaut 23 livres tournois.

politique baſſe & intéreſſée de Charles II,
aidée d'un parlement foible & vénal ,
défendit l'exportation de la laine, quelles
vigoureuſes remontrances ne trouvons-
nous pas contre ces meſures, dans les
écrits judicieux des auteurs de cet âge !
Le mémoire très-ſenſé de Smith, ſur la
laine, en donne d'amples preuves à chaque
page. Le premier & le plus frappant effet
de cette prohibition , fut une réduction
de plus de la moitié ſur le prix de la laine;
mais l'exportation des étoffes de laine ,
augmenta-t-elle dans une aſſez grande
proportion pour indemniſer la nation de
cette réduction de prix ? Bien loin de
cela ; car durant les regnes de Charles II
& de Jacques II, l'exportation de la
draperie ne monta pas à plus de la moitié de ce qu'elle s'étoit élevée ſous le
regne d'Eliſabeth, lorſqu'il n'y avoit point
de défenſe d'exporter la matiere premiere.
Ces preuves , & pluſieurs autres qu'on
pourroit rapporter à ce ſujet , démontrent
clairement que les manufactures de laine

ont été plus florissantes dans ce royaume, lorsque l'exportation de la laine étoit permise d'une maniere convenable & limitée. C'est un objet national de la plus grande importance, & les causes qui contribuerent anciennement à donner une préférence décidée aux laines d'Angleterre, crues & ouvrées, jusqu'à la défense d'exporter, sous le regne de Charles II, sont si clairement démontrées par l'histoire, que le corps législatif n'a pas besoin sur ce sujet, des instructions partiales & illusoires des manufacturiers intéressés dans cette affaire, puisqu'il peut avoir recours à des preuves si claires & si authentiques. Mais il n'est pas nécessaire de faire de recherches particulieres dans ce cas, car l'expérience a trop souvent prouvé qu'aucune proposition d'Euclide n'est plus vraie en géométrie, que ne l'est dans le commerce celle-ci : *aucun commerce, aucune manufacture, sous le régime du monopole, n'est avantageuse à une nation.* HOLMES.

I I I.

De Melberby.

I. Une femme en général peut gagner dix fous par jour.

II. La laine eft filée par écheveaux de fept *leas*, & le *lea* eft de quatre-vingt fils de trente-trois pouces en longueur chacun.

III. Les falaires hauffent ou baiffent, felon que le tems eft bon ou mauvais.

IV. La laine nouvellement tondue, moitié de brebis, moitié d'antennée (1), valoit les 17 livres & demi, 11 fchellings & 11 fchellings & demi; ce poids vaut actuellement environ 12 fchellings ou 12 fchellings 3 fous.

V. Une femme peut gagner environ 6 fous par jour, en filant du lin; on ne file point de chanvre dans ce voifinage; aux environs de Thirsh, à fept milles d'ici on file un peu de chanvre pour faire

---

(1) Un mouton de deux ans.

des facs, ce qui augmente le gain des ouvrieres.

I V.

I. Le gain d'une fileufe pendant ces trois derniers mois, a été de fix fous par jour.

II. Les fix fous dont j'ai parlé, font le prix moyen pour près des dix dernieres années.

III. On ne file point ici de laine courte, excepté pour l'ufage particulier.

IV. Il y a près de cinquante ans qu'une fileufe gagnoit 4 fous par jour; il y a environ dix ans qu'elle en pouvoit gagner fept & demi ; depuis ce tems les falaires ont été de 5 à 7 fous par jour.

Les femmes font ici très-employées à l'agriculture, de forte qu'elles ne manquent pas d'occupation.

Il y a une bonne manufacture de dentelle à Ripon, qui s'eft étendue dans les villages voifins, ce qui donne de meilleurs ſalaires que la Filature. WILLIAM PRIELEY, *Ecuyer.*

LANCASHIRE.

De Halſat.

V.

J'AI eu l'honneur de recevoir votre lettre du 10 Janvier. Je me ſuis procuré une réponſe à vos demandes ; je vous l'envoie ; elle me paroît claire & ſatis-faiſante.

Quoique le coton ne ſoit pas un pro-duit de cette province, il fait le principal objet des travaux dans les parties méri-dionales. Sa préparation a ſouffert plu-ſieurs révolutions, elle eſt arrivée enfin à un haut degré de perfection. Les prin-cipales manufactures de *Leeds, d'Halifax,* les autres villes manufacturieres du York-shire, & la partie orientale du Lancaſ-hire, achetent leur laine en toiſon, de

l'Irlande, du Lincolnshire & des différens comtés de la principauté de Galles.
Mais la plus grande partie de leur grosse
laine vient de cette derniere province ; les
toisons de ces endroits pesent communément depuis 4 jusqu'à 6 livres chacune,
leur prix est de 4 à 7 schellings pour un
poids de 16 livres ; la laine d'Ecosse est
à-peu-près la même à tous égards ; les
toisons du Yorkshire & du Lincolnshire
pesent généralement depuis 7 jusqu'à
10 livres chacune, & leur prix a été de
6 à 10 schellings par 16 livres ces trois
dernieres années , jusqu'à la derniere
tonte qui se fait ordinairement en Juin
ou Juillet. Depuis ce tems toute la laine
a augmenté généralement d'un schelling
jusqu'à 18 sous par 16 livres ; on croit
que cela est causé par le passage clandestin
de cette marchandise en France , ce qui
produit la rareté de cet article. Lorsque
les manufacturiers ont acheté, comme
je l'ai dit, les toisons , ils séparent la plus
belle laine de la plus grossiere, & séparent

par les cardes, la plus longue de celle
qui est courte; ensuite ils l'envoient dans
la partie occidentale du Lancashire, pour
y être filée par les paysans, qui peuvent
gagner à ce travail chacun 8 à 10 sous
par jour. La quantité de laine filée dans
dix milles de circonférence environ, de
ces parties occidentales du Lancashire,
peut être de 2500 à 3000 balles par an,
à 240 livres pesant par balles ; mais on
en file beaucoup plus dans le Yorkshire
& les comtés voisins. A l'égard du chanvre
travaillé dans ces endroits, il est employé
communément au commerce des toiles
de voilerie, qui est considérable à Kirk-
ham & à Warrington, pour les besoins
du gouvernement & les villes maritimes,
qui en consomment une grande quantité;
on en exporte beaucoup aussi. On importe
les matieres premieres, le chanvre & le
lin, de la Pologne, ensuite on le prépare
en ôtant les parties les plus grossieres ;
après cela on le fait filer par des paysans,
qui peuvent gagner chacun 8 à 9 sous par
jour.

Pour les manufactures de toile de ménage, que quelques petites villes forment dans ces provinces, on importe le chanvre déjà filé, de Hambourg, de Russie & d'Irlande ; parce qu'on peut le tirer de ces lieux à meilleur marché que nos paysans ne pourroient le filer. CHARLES MORDAUNT, *Ecuyer*.

LINCOLNSHIRE.

VI.

JE souhaite que la lettre ci-incluse réponde à votre intention. JOSEPH BAUKS.

Le prix moyen de la laine dans les marais du sud, comme elle a été payée sur le lieu depuis l'année 1776, dans les années :

1776 & 1777	17 sch.	0 s.	les 18 L.
1778	14	6	*id.*
1779	12		*id.*
1780	9	3	*id.*

C

1781 de 8 fch. 6 f. à 9 fch. o f. les 18 l.
1782 de 8   à 9   id.
1783 de 10   à 11   6   id.
1784 de 12   6 à 13   6   id.
1785 de 12   6 à 13   id.
1786 de 12   6 à 13   id.
1787 de 15   6 à 17   id.

Il faut environ trois toifons de mouton de marais pour 18 livres; il en faut quatre de brebis pour le même poids.

Si l'hiver a été bon, il faut environ trois toifons d'antennées (1), mais s'il a été mauvais, il en faut quatre ou cinq pour un poids de 18 livres. On a vendu environ un tiers de laine d'antennées, dans les prix ci-deffus.

Les laines font d'un plus grand prix dans les marais du fud & dans le nord, que celles des marais du milieu, & des marais inondés, d'environ 1 fchelling par 18 livres, & elles ont plus de poids. Il faut à-peu-près quatre toifons pour

---

(1) Mouton ou agneau de deux ans.

18 livres des moutons des marais du milieu, si la tonte est bonne ; mais il en
faut 5 si elle ne l'est pas.

V I I.

MES observations, ainsi que celles de
plusieurs personnes de cette partie de la
province, à l'égard du salaire des fileurs
de Jersey, sont presqu'entierement bor-
nées jusqu'à présent, à la connoissance
des gains des enfans au-dessous de seize
ans, dont les plus âgés & les plus indus-
trieux ont fait 10 sous par jour de leur
travail. Ceux de sept à huit ans ont été
capables, après un mois d'enseignement,
de gagner deux sous par jour. Le salaire
d'un fileur ordinaire d'environ neuf ans,
& d'un an ou un an & demi d'apprentis-
sage, peut bien être estimé à 4 ou 5 sous
par jour. Je trouve peu de fileurs de
chanvre ou de lin, (& ce sont presque
toutes des personnes faites) qui puissent
gagner six sous par jour, quand même ils
seroient constamment attachés à ce tra-

vail. Le prix moyen est je crois beaucoup au-dessous ; le résultat le plus général que je puisse tirer de la comparaison des gains des fileurs des deux matieres, c'est que les salaires des fileurs de Jersey, sont à ceux des fileurs de laine, d'un gain égal & modéré, comme 4 est à 3. Mais ce qu'il y a de plus avantageux, c'est que les fileurs de Jersey trouvent de plus grands encouragemens. Ces observations, quoique peu satisfaisantes, sont les meilleures que je puisse vous donner pour le présent. Mais si vous désirez, monsieur, avoir un parallèle plus exact, je pourrai faire quelques recherches sur ce sujet, qui y jetteront, j'ose le dire, plus de lumiere. Je serois très-heureux, monsieur, si les observations que je suis capable de faire, pouvoient devenir de quelque utilité à la bonne cause que vous portégez avec un zele & une activité qui nous font espérer de voir cette province exempte des maux dont elle est menacée. J. B. P. R. S.

NORTHAMPTONSHIRE.

Daventry.

VIII.

J'AI fait des recherches concernant le prix de la Filature, du cardage, &c.; je vous les présente comme il suit :

Le prix du cardage de la laine est de 4 sous par livre; c'est le même prix pour le filage; le flocon est de 2 sous & demi pour le cardage, autant pour le filage. La laine est peignée à la douzaine, qui est de 14 livres; le simple peignage est de 2 schellings, le double 3 schellings en quelques endroits 3 schellings 6 sous. Les maîtres fournissent tout, mais ils reçoivent 3 sous par semaine, pous l'*usé* des peignes.

Les fileuses sont payées à la livre. — Mais vous ne comprendrez pas bien la maniere, à moins que vous ne sachiez auparavant comment se fait ce travail ici.... Après que la laine est filée, on la fait passer des fuseaux sur un devidoir dont la circonférence est de 33 pouces ; quatre-vingt fois le tour de ce devidoir, fait un nœud, six de ces nœuds font un écheveau, pour chacun desquels la fileuse reçoit un demi-sou, pourvu que cesécheveaux soient assez beaux pour aller de 28, 30, 32 ou 34 à la livre ; si l'écheveau est plus beau, on donne à la fileuse 1 sou pour chaque écheveau au-dessus de 34 à la livre : par exemple, s'il y en a 35, on donne 18 sous ; pour 36, 19 sous ; pour 37, 20 sous, & ainsi en proportion que la finesse du fil donne plus d'écheveaux à la livre ; mais si le fil est si gros qu'il ne donne que 26 écheveaux à la livre, le fileur ne reçoit qu'un schelling ; s'il n'y en a que 24, 10 sous ; 22, 8 sous ; & s'il n'y en a que 20, il ne reçoit que 7 sous.

Les marchandises qu'on fabrique particulierement dans ce voisinage, sont des étamines larges & étroites. Les premieres,

qui ont près de 24 pouces de large , coûtent 6 schellings 6 sous pour le tissage ;
les dernieres , de 15 pouces de large , reviennent à 13 schellings 6 sous pour le
tissage. On fait près d'ici des *moreens* , des
ratines , & quelques peluches qu'on envoie à Londres ; les fileurs ne font point
de rabais à présent , & les tisserands n'en
font jamais.

La laine de cette province est de la
longue espece , trois ou quatre toisons suf-
fisent pour faire un poids de 28 livres ; une
grande quantité de laine a été transportée
ces deux ou trois dernieres années, dans
les comtés de l'ouest , & comme elle a été
envoyée à Bristol , on a appelé cela une
exportation. Le prix moyen est de 18 sch.
par 28 livres. J'ai vu dernierement un
flocon de laine dont chaque filament
portoit 23 pouces.

Je vous ai, monsieur, beaucoup d'obli-
gation , en mon particulier, & je pense
que tous les possesseurs de terres doivent
vous en avoir autant pour le zele que vous

C iv

montrez à vous oppofer aux efforts que font les fabricans en laine, pour obtenir du parlement un acte auffi injufte. De tous tems les manufacturiers ont eu l'art de faire accroire aux propriétaires que leurs intérêts & ceux de ces propriétaires étoient les mêmes (1), & par ce moyen de les engager à confentir aux priviléges & aux monopoles qu'ils demandoient, dont le principal & le plus nuifible aux intérêts des propriétaires, eft la défenfe d'exporter la laine. J'ai vu avec indignation, dans plufieurs des papiers de notre province, des avertiffemens pour affembler les manufacturiers de laine, & former des foufcriptions pour le foutien du bill propofé. Il me femble que le parlement doit regarder cela comme une infulte qu'on lui feroit. CHARLES HALL, *Ecuyer*.

---

(1) Nous fommes enchaînés, dit M. Arthur Young, dans la vente de notre matiere premiere, & l'on nous dit que les intérêts du commerce font liés à ceux des propriétaires ; ils le devroient être, fans doute, mais ils font diamétralement oppofés.

BUCKINGHAMSHIRE.

Wycombe, 28 Décembre 1787.

I X.

Nous n'avons aucune manufacture de laine dans cette ville, les pauvres étant tous employés à faire de la dentelle, à quoi ils gagnent depuis 6 f. jusqu'à 1 fch. par jour. Le prix de la laine a été cette année de 23 à 24 fchellings par poids de 19 livres. Mais comme elle est portée à une très-grande distance, nous ne favons pas comment elle est fabriquée. J. KING.

OXFORDSHIRE.

Oxford, 12 Février 1788.

X.

Mon ami M. Burgess, m'a montré la lettre que vous lui avez écrite, dans la-

quelle vous demandez quelques obſerva-
tions relatives à la laine, &c. dans ce
comté. Si la réponſe ſuivante peut vous
être de quelque utilité, je ſerai très-flatté
d'avoir contribué en quelque choſe à la
ſatisfaction d'une perſonne dont les ta-
lens ſont employés à des recherches ſi
utiles au bien de la patrie.

I. Le prix moyen de la laine en toiſon,
dans le voiſinage de Witney, fut en

1785 de 15 ſch. 6 ſ. par poids de 28 l.
1786 de 17
1787 de 19

II. Lorſqu'elle eſt aſſortie, elle donne
de la laine cardée & de la laine pour
draperies.

III. Le poids d'une toiſon, aux environs de Witney, eſt depuis 3 livres &
demie juſqu'à 7 liv.; mais la plus grande
quantité peſe depuis 3 liv. & demi juſqu'à 5 liv. & demie.

IV. Les eſpeces de laine manufacturées
à Witney, ſont les trois plus baſſes eſ-

peces de toifons & les laines qui font tirées des peaux par les pelletiers, qui font apportées de prefque toutes les parties du royaume, & qui payent jufqu'à 15 fchellings par balle, pour le port, ce qui fait par livre trois quarts de fou.

V. Prix moyen de la laine groffiere au marché de Witney :

		fous.		*fous.*	
En 1783	3		à	$4\frac{1}{2}$	par livre.
1784 prefque le même prix.					
1785	$3\frac{1}{4}$		à	$4\frac{3}{4}$	
1786	4		à	$5\frac{1}{4}$	
1787	$5\frac{1}{2}$		à	$6\frac{3}{4}$	

Je foupçonnois que ce haut prix étoit local ; mais d'après des recherches faites la femaine derniere au marché d'Oxford, j'ai trouvé qu'il y a une augmentation proportionnelle dans tout ce comté, & les comtés voifins. On fait de grandes plaintes fur la rareté de cet article de commerce.

VI. Il faut qu'une femme travaille beaucoup à préfent pour gagner 6 fous par jour, parce que le prix de la Filature est beaucoup diminué.

VII. Les officiers de quelques paroisses donnent aux manufacturiers un demi-sou par livre pour les engager à faire filer les pauvres.

Je ne puis répondre à présent à vos demandes sur le chanvre & le lin, & je ne le pourrai de longtems; mes occupations à l'académie prennent tout mon tems, cependant je serai toujours prêt à obéir aux ordres de M. Young. Scom-berg.

GLOUCESTERSHIRE.

De Pucklechurch.

X I.

LA laine est filée dans cette paroisse & dans son voisinage, pour les drapiers de Wiltshire & non pour ceux du Glou-cestershire; le prix de la Filature est sui-

vant la beauté & la fineſſe de la laine.
On avoit coutume de payer au poids
l'ouvrage des fileuſes, à tant la livre;
mais depuis l'année derniere, elles ſont
payées ſelon le nombre des écheveaux;
elles ſont obligées de tirer d'une livre de
laine, un certain nombre d'écheveaux,
ſelon ſa qualité. Elles doivent rendre,
d'une livre de la plus belle, je ſuppoſe
celle d'Eſpagne, 30 écheveaux; d'une
livre d'une qualité inférieure, la meilleure d'Angleterre, par exemple, 25 ou
26 écheveaux; la longueur du fil qui
forme l'écheveau, eſt ou doit être de
240 aunes; pour faire un écheveau, le
fil eſt devidé ſur un devidoir que les
fileuſes appellent *ſnap*.

La belle laine & la plus groſſiere ſont
devidées ſur le même devidoir; c'eſt
pourquoi il n'y a aucune différence dans
la longeur des écheveaux des laines eſ-
pagnoles & angloiſes. Les fileuſes reçoivent pour la belle laine, 1 ſchelling &
1 ſou par vingtaine d'écheveaux; pour la

plus groſſe, elles ont 1 ſchelling ; avant la guerre d'Amérique, le prix étoit d'un ſchelling 4 ſous, & un ſchelling 5 ſous par vingtaine d'écheveaux ; il a été réduit par degrés, à 13 ſous & à 1 ſchelling. Les drapiers refuſent maintenant de faire aucune augmentation , quoique le commerce ſoit auſſi floriſſant, que le plus zélé partiſan du monopole puiſſe le déſirer. On ne file ni chanvre ni lin dans notre voiſinage.

Le prix de la laine de Cotteſwold étoit en 1785 de . . 15 à 17 ſch. par 28 l.
    1786 de . . 16 à 18
    1787 de . . 17 à 19
Le prix actuel de 18 à 19

Le poids moyen des toiſons eſt de 4 livres & demie.

Je comptois trouver un prix plus haut, parce que je croyois que la laine de Cotteſwold étoit une des plus belles d'Angleterre. J'ai un petit vicariat ſur la côte nord de la colline de Mendip, où j'avois

côutume il y a quelques années de prendre
la dixme de la laine en nature. La dixme
a été affermée pour ces trois dernieres
années ; mais j'ai appris que le prix de la
laine de Mendip a été beaucoup plus
haut dans les années dont vous parlez ;
qu'il a été par exemple de 18 sch. 6 s.
à 20 sch. par poids de 21 liv. ; & je crois
que l'année derniere, ou celle d'avant, il
s'en est vendu un peu à une guinée ou
environ les 21 livres pesant. Le nombre
des toisons pour ce poids, étoit ordinairement de huit.

Quand je remarque que le commerce
de draps est dans un état très-florissant,
je ne dis pas cela d'après une connoissance intime de l'état de ce commerce ;
mais je sais qu'un très - gros marchand
drapier de Wiltshire a eu dessein d'établir
ici une Filature où l'on étoit si fort occupé, que cette même personne a ouvert
une maison de Filature à une plus grande
distance encore de sa résidence, & qu'il a
besoin d'y introduire les métiers à filer. Je

connois quelqu'un qui étoit établi depuis quelques années à Londres, il s'eſt enrichi dans ſon emploi, & l'a quitté pour prendre le commerce de draperie. Je penſe que l'augmentation toujours croiſſante du prix de la laine, n'eſt pas autant due à la diminution de la race de bête à laine, qu'au grand nombre de demandes qu'on fait de cet article. C'eſt de ces remarques particulieres, & du bruit général, que je conclus que le commerce des draps eſt dans un état floriſſant ; cependant je puis m'être trompé. G. SWAINE.

HAMPSHIRE.

HAMPSHIRE.

Communiqué par le Lieutenant Colonel Barker.

XII.

LA laine est estimée par poids de 31 l.

Pour l'année	liv. ster.	sch.	s.
Pour l'année 1757 par poids de 31 l. 1	o	6
1758	1	4	o
1759	1	2	9
1760	1	o	o
1761	1	o	6
1762	1	o	6
1763	1	3	o
1764	1	4	o
1765	1	3	6
1766	1	5	o
1767	1	5	o
1768	1	2	o
1769	1	1	6
1770	1	2	o
1771	1	5	o
1772	1	5	o

D

	liv. sterl.	schl.	s.
Pour l'année 1773 par poids de 31 l. 1	1	6
1774	1	2	0
1775	1	4	0
1776	1	4	0
1777	1	3	0
1778	1	0	0
1779	0	19	0
1780	1	0	6
1781	1	1	6
1782	1	3	0
1783	1	2	6
1784	1	4	6
1785	1	4	0
1786	1	3	6
1787	1	6	6

J'imagine que la laine du Wiltshire a été en général plus chere d'un schelling 6 sous par poids, que celle du Hampshire, la premiere étant communément plus belle. Celle du Dorsetshire a été en général de deux schellings à meilleur marché que celle du Hampshire, parce qu'elle est beaucoup plus grossiere; la laine des Dunes de Sussex est communément de 2 schellings par poids plus chere qu'au-

cune de celles de ces comtés dont je viens
de parler.

Dans la Filature de la laine, le prix
moyen est d'environ 1 schelling par liv.,
& lorsque la laine est filée, les manufacturiers qui font travailler les fileuses, leur
rabattent maintenant 3 sous par schelling ; il y a quelques années que c'étoit
2 sous ; mais elles avoient coutume d'être
payées 1 schelling entier par livre, & une
bonne ouvriere pouvoit gagner alors 6 s.
par jour. Les femmes se plaignent beaucoup de cette diminution, & travaillent
très-peu au prix actuel.

ILE DE WIGHT.

XIII.

Pour répondre à votre demande je me
suis procuré le prix de la laine dans cette
île, pendant un petit nombre d'années,
& d'après la connoissance que j'ai des

personnes respectables de qui je les tiens, je crois qu'elles seront satisfaisantes.

	liv. sterl.	sch.	s.	
Laine en toisons, 1780	0	15	0	par 29 liv.
1781	0	15	6	
1782	0	16	0	
1783	0	18	0	
1784	0	18	0	
1785	1	2	0	
1786	1	0	0	
1787	1	1	0	

X I V.

De Mitchelmash.

En réponse à votre premiere demande, « que peut gagner aujourd'hui par jour une femme en filant de la laine dans votre voisinage » ? Une bonne ouvriere peut gagner 6 sous par jour en été. Une moins bonne 4 sous ; dans l'hiver elles gagnent un quart de moins chacune.

Deuxieme question : sont-elles payées par poids, par écheveau, ou comment le font-elles ? — Pour carder & filer elles

ont 4 fous par livre, fans déduction, à
moins que la laine ne foit très-mal filée.
Une bonne fileufe gagne depuis 6 jufqu'à
8 fous, & ne manque pas d'ouvrage.

Troifieme queftion : fait-on quelque
déduction fur leurs gains, à caufe des
mortes faifons, ou font-elles, dans ce
cas, en même tems fans ouvrage? — Lorfque la Filature eft languiffante, les manufacturiers font toujours une déduction
extraordinaire fur le prix du filage, & il
paroît qu'ils font ces déductions à leur
caprice, car chaque fabricant paye felon
la qualité de l'ouvrage, mais ils en font
feuls les juges ; & fi le commerce eft un
peu ralenti, la fileufe eft obligée d'ac-
quiefcer à ces arrangemens, ou elle n'a
plus d'ouvrage; ce qui a lieu affez généralement à préfent, à caufe de l'engour-
diffement du commerce : ce qui fuit eft
le prix actuel, avec la diminution annexée
pour le filage, comme il eft payé à Rom-
fay. J'ai fait des recherches fur la maniere
de devider la laine filée, j'ai trouvé qu'il

D iij

y a deux méthodes pour faire les écheveaux ; dans l'une il faut quatre-vingt tours de devidoir, de soixante-six pouces de circonférence pour un *chimp*, dont six font un écheveau ; dans l'autre cent soixante tours pour un *chimp*, dont trois font un écheveau, & quinze à vingt écheveaux à la livre ; salaires, un sou l'écheveau, & trois sous de réduction sur la livre. Avant la saint Michel la réduction n'étoit que de deux sous sur une livre d'ouvrage, au-dessous de quatorze écheveaux à la livre, la déduction étoit toujours de 3 sous par livre (1). Une bonne fileuse gagne en été 6 sous, & une médiocre 4 sous par jour. En hiver elles gagnent l'une & l'autre un quart de moins par jour.

Quatrieme question : quel étoit le prix de la laine à la derniere tonte ? étoit-ce de la laine propre à peigner seulement ou à faire du drap ?

---

(1) C'est-à-dire sur le prix qu'on donne pour une livre pesant.

Le prix de la laine en toiſon a varié
depuis 23 juſqu'à 28 ſchellings par poids
de 31 livres ; prix moyen, 25 ſchellings ;
à peine vient-il de la laine peignée dans
le voiſinage de cette ville ; la laine à
faire du drap y eſt en général fort bonne ;
les fabricans de Yorkshire en emportent
une grande quantité.

Cinquieme queſtion : quels ſont les
gains de ceux qui travaillent le chanvre
& le lin ? Les enfans gagnent depuis 1 ſou
juſqu'à 2 ſ. & demi par jour. Les femmes
gagnent depuis 4 ſous juſqu'à 6 ſous toute
l'année à filer du chanvre. Le lin n'eſt
point employé dans nos environs, excepté une petite quantité que les faiſeurs
de ſacs emploient pour leur fil tors. Les
manufacturiers ſe plaignent beaucoup de
ce que la laine eſt mal filée, & du commerce des *châlons* ; ils diſent qu'il ne vaut
pas la peine de le faire, parce que les
profits ſont peu conſidérables, ce qui eſt
dû à l'exceſſive cherté de la laine, & au
petit nombre de demandes qu'on fait de

D iv

cette marchandife; quelle qu'en foit la raifon, il eft certain qu'ils reglent à leur propre volonté, les falaires des pauvres fileufes & des tifferands, de forte que je crois bien qu'ils font toujours fûrs d'un profit conftant, en rabaiffant arbitraire-ment les falaires des ouvriers, lorfqu'ils en trouvent l'occafion. THOMAS BER-NARD.

DEVONSHIRE.

Exeter.

X V.

I. UNE femme gagne, fi elle eft habile, 6 fous par jour, prix moyen en filant de la laine.

II. Les fileufes font payées par poids, à tant la livre. Le prix varie felon la qua-lité de la laine & la bonté de la Filature.

III. On a coutume de faire une déduc-tion fur les gains, lorfque les tems font mauvais, & quelquefois les fileuses font, à cause de cela, tout-à-fait fans ouvrage.

IV. Le prix des laines en toifon, propres à être peignées, étoit ici, dans la derniere tonte, de 7 fous par livre de 18 onces.

V. A l'égard de la Filature du chanvre & du lin, je vous avoue que je ne fais abfolument rien là-deffus, il n'en croît point du tout dans ce voifinage. CHRIS-TOPHE GULLET, *Ecuyer*.

HEREFORDSHIRE.

De Delwyn, 30 Décembre 1787.

XVI.

Vous m'avez fait l'honneur de m'écrire le 20 de ce mois, & vous m'avez fait cinq queftions auxquelles je vous envoie les réponfes fuivantes :

I. Une femme peut carder & filer une demi-livre de laine par jour, on lui donne pour cela 4 fous.

II. Le prix de la laine du Herefords-hire varie. Je vendis la mienne l'année derniere 18 schellings les 12 livres & demie. On trouve la meilleure laine entre Hereford & Ross ; elle fut vendue l'année derniere, de 20 à 23 schellings les 12 liv. & demie.

III. Le filage du chanvre est à peine connu ici. Une femme peut gagner à filer du lin, 6 sous par jour, si elle est habile ; mais le cours général est d'une demi-livre de 8 sous de lin par jour, pour laquelle on lui donne 4 sous ; si elle file pour 10 s. de lin, alors on lui donne 5 sous. Puisque je suis sur le sujet du lin, je vous deman-derai la permission de vous faire connoître une expérience que j'ai faite sur sa cul-ture & sur la maniere de le semer. En Décembre 1785, je labourai deux acres communaux d'un mauvais pacage, dont le sol leger, sec & creux, étoit totale-ment privé d'eau. En Avril 1786, je semai ce terrein d'avoine blanche de Pologne, & j'eus une belle récolte. Dans

le mois de Novembre ſuivant, j'y fis des
ſaignées de la profondeur de trente pouces;
je remplis quinze pouces avec du bois
d'aune, ſur lequel je mis un gazon dur,
& je comblai le reſte des tranchées avec
la terre qui en étoit ſortie. Je donnai à
cela trois labours, & je ſemai du lin de
la derniere récolte. La nouvelle récolte
fut très-belle, & rendit vingt-deux boiſ-
ſeaux de 60 livres de graine chacun, dont
le prix fut de 6 ſchellings 6 ſous par
boiſſeau de quarante pintes. Voici l'uſage
que je fis de cette graine : j'en fis bouillir
un demi-boiſſeau dans quatre cent pintes
d'eau, pendant trois heures; enſuite je
la retirai, étant refroidie elle donna une
belle gelée. Après avoir attendu deux ou
trois jours, j'en arroſai le foin deſtiné à
mes beſtiaux d'engrais. Je me ſuis aperçu
que ce mucilage avoit été très-utile.

SAMUEL PALETT, Ecuyer.

SOMERSETSHIRE.

De Henlade.

XVII.

1785 Laine de toison, de mouton cornu, chaque toison pese 3 à 4 liv. à . . . . 9½ la liv.
1786 Laine de mouton cornu, ... 9
Non cornu, . . . 8
1787 De mouton cornu, 10
Non cornu, ... 8

La laine de mouton, non cornu, vaut 7 f. & demi la liv.; chaque toison pese depuis 5 jusqu'à 8 livres.

Quelques petites toisons de 2 à 2 liv. ½, à 1 schl. la livre.

Le filage 7 sous ½ par livre.

Gains, environ 4 sous ½ par jour, sans déduction.

ROBERT PROCTOR DERDON, *Ecuyer.*

SHROPSHIRE.

Hanwood.

XVIII.

POUR répondre à vos demandes, je vous dirai que le prix des laines dans le Shropshire, à la derniere tonte, étoit de 10 schel., à une liv. sterling par 15 livres Les toisons des moutons du Shropshire & d'Herefordshire, sont regardées comme les meilleures du royaume. Les moutons qui ont passé l'été sur les montagnes & sur les communes, peuvent valoir, lorsqu'ils viennent de-là, prix moyen, 10 schellings ; la toison pese environ une livre un quart ; les moutons qui ont été tenus dans des terreins clos, & qui ont été croisés avec les moutons de Weyhill, peuvent valoir dans un état de maigreur, prix moyen, 15 schellings, & leur toison peut peser environ 2 livres ; nous ne nous en servons point ici, si ce n'est pour les usages domestiques. La seule manufacture de laine que je connoisse dans ce comté, a été élevée à Shrewsbury, par MM. Bakers, qui emploient deux cent balles de laine pour des draps de différens prix. Dans les commencemens de leur entreprise, ils trouverent de grandes difficultés pour faire filer leur laine; elle est à présent travaillée par des machines nommées *jennies*, & une femme peut gagner à cet ouvrage 8 à 11 schellings par semaine, qui lui sont payés par livre. Les filles & les femmes qui préparent la laine pour les *jennies*, sont appelées *négligentes*; elles gagnent 3 à 4 schellings par semaine.

Notre laine est envoyée principalement dans le Yorkshire & dans les parties de l'ouest de l'Angleterre; il en va un peu dans le Montgomeryshire, où l'on fait les meilleures flanelles du monde; le prix est de 8 sous à 3 schellings par yard (1)

______

(1) Le yard vaut ½ d'aune de France.

en gros ; les demandes en sont beaucoup augmentées, & la qualité est bien meilleure ; il ne se vend pas pour moins de 90,000 livres sterl. de flanelle au marché de Pool. La laine est filée particulierement par les possesseurs des petites fermes ; une femme qui travaille fort, gagne à peine 6 sous par jour ; les *jennies* ne sont point employées. Il ne paroît pas qu'il y ait aucune manufacture dans ce comté, ni dans ceux qui l'avoisinent, parce que ceux qui sont employés à filer, à tisser & à fouler, ont leurs petites habitations dans la province.

Outre les flanelles, on fabrique dans le Mongomeryshire, le Mérionetshire & dans une partie du Denbeigshire, une étoffe épaisse & chaude, qu'on appelle *webbs*, dont il se vend un très-grande quantité tous les jeudis, à Shrewsbury. La vente annuelle peut être de 80,000 l. sterl. une plus grande quantité est envoyée ailleurs. Les demandes de flanelle & de *webbs* sont nombreuses, & le prix de la laine est augmenté.

On paye souvent tant par livre pour la filature du chanvre & du lin, selon leur valeur; c'est en général 7 sous par livre pour le chanvre, & 8 sous pour le lin.

Lorsque le blé est à bon marché, il seroit d'une bonne politique de permettre aux fermiers de semer de chanvre ou de lin, une certaine quantité de leurs terres. Ils seroient restreints, dans la convention, à une petite quantité, & ils seroient fort mal d'en faire leur principal objet; mais il ne faudroit pas refuser cette demande à un bon fermier, des soins duquel on seroit satisfait, s'il trouvoit que cette culture fût utile à ses intérêts. Je pense que cette plante ne fait d'autre mal à la terre qu'en ce qu'elle ne fournit pas de paille pour faire des engrais; elle est peu de tems à croître, & l'on peut faire après elle une bonne récolte de turneps. Le lin ne demande-t-il pas une terre fraîche & le chanvre une terre bien fumée? Je desire voir dans vos annales, un exposé succint des suites de ces récoltes; vos

utiles

utiles travaux & votre zele pour votre patrie, vous donnent une place diſtinguée dans l'eſtime de votre ſerviteur, &c.

EDOUARD HARRIES, *Ecuyer.*

Manufacture de laine de Shrewsbury.

Hanwood, le 11 Mars 1788.

XIX.

I. UNE jennie ou machine à filer, de trente-ſix fuſeaux, file autant de laine pour la chaîne, que vingt perſonnes avec chacune un rouet à un fuſeau, & autant pour le tiſſu, que ſeize perſonnes.

II. Quatre perſonnes pour carder & monter la laine, pour celui qui file la chaine, & cinq pour le tiſſu ; total, onze perſonnes employées à deux *jennies.*

III. Si la laine eſt bien cardée & bien diſpoſée, la machine file auſſi bien la laine groſſiere & la laine fine, que le ſimple rouet à main.

E

IV. Une jeune fille de quinze à dix-huit ans, peut gagner fur trente fufeaux de la *jennie*, 8 à 10 fchellings par femaine, & 1 fou $\frac{1}{2}$ à 2 fous $\frac{1}{2}$ par livre. La qualité de la laine & la groffeur du filage, fixent le prix de l'ouvrage. Un homme, avec trente fufeaux de jennies, peut gagner 15 à 18 fchellings par femaine, fur le pied de 1 fou $\frac{1}{2}$ à 2 $\frac{1}{2}$ par livre de laine. Une femme avec quarante-huit fufeaux, gagne 12 à 16 fchellings à 2 fous $\frac{1}{2}$ & 3 fous $\frac{1}{2}$ par livre.

V. Prix moyen de la laine du Shropshire, pendant les trois dernieres années :

	f.			liv.	liv.
1785	12	la livre ou 15 fch. le poids de	15 à	15 $\frac{1}{2}$	
1786	13	ou environ 16	6 f.		
1787	14		18		

VI. Prix des *jennies*, 2 fchel. 6 fous par fufeau.

VII. La machine ne file ni chanvre ni lin.

Je fouhaite, monfieur, toutes fortes

de succès à votre louable entreprise, &
suis votre &c. E. HARRIES.

ESSEX.

Sistead , 14 Décembre 1787.

X X.

IL y a aux environs d'Hedingham ,
des manufactures d'étoffes de soie &
d'une espece de grosse étoffe de revêche ,
principalement à Bocking , une autre
à Colchester. Il y a dans toutes aujour-
d'hui une grande décadence , due en
partie à la grande quantité de laines d'Espagne, à la paix , & en partie à ce que
ces branches de commerce sont recher-
chées actuellement dans le nord , par
l'avantage que présentent les machines ,
la teinture & l'exportation dans les lieux
voisins à Liverpool, &c. & aux endroits
près des fabricans. Les marchandises qu'on
fait ici sont envoyées par des rouliers à

Londres, où les facteurs les vendent aux
marchands, à mesure qu'ils reçoivent les
demandes de l'étranger. — Pour moi je
crois que l'état florissant de toutes les
manufactures de laine, quoiqu'accom-
pagnées sans doute de quelques inconvé-
niens locaux, prouve clairement la grande
consommation intérieure & le prix avantageux de la matiere premiere. La concurrence est actuellement si grande à
Norwich, qu'on y fabrique la laine qui
auroit fait du drap étroit dans le Yorkshire. Le nord garde probablement trop
de laine pour les manufactures de revêches.
La laine n'est point à bon marché à Bocking ; cette variation est malheureuse
pour nos pauvres. Il n'y a point de remede
à cela que celui indiqué dans vos dernieres
annales, d'après un écrit de M. Ruggles,
du Lincolnshire ; il n'y aura nul secours
pour les pauvres, jusqu'à ce que l'acte
d'Elisabeth, qui joint la charité à l'industrie, soit mis en exécution, en facilitant
aux pauvres valides, les moyens de se

ſoutenir eux-mêmes par les gains qu'ils
peuvent faire en travaillant pour leurs
paroiſſes , toujours prêtes à les ſoulager.
Nos taxes ſont énormes, nos pauvres
très-miſérables , à la merci des manufacturiers; beaucoup de travail un jour, rien
à faire le lendemain, jamais de milieu.
Pourquoi une paroiſſe ne peut-elle acheter
de la laine, la faire peigner , la diſtribuer
à ſes fileuſes , & vendre cette laine filée
au prix du marché? Les pauvres ſeroient
entretenus par un travail conſtant, à un
prix moyen , & la paroiſſe ne perdroit
pas par la vente de la laine, ce que les
pauvres coûtent à préſent, par la penſion
de la paroiſſe, avec laquelle cependant
ils meurent preſque de faim, vu leur grand
nombre ; on me répond que c'eſt une pure
théorie , impoſſible à exécuter, ſans une
magiſtrature active, comme dans toute
bonne police; qu'on ne peut attendre
de bonheur où il manque un réſident
d'une fortune convenable. Nous n'avons
plus que les extrêmes d'une pauvreté

E iij

abandonnée & d'une richesse licencieuse, & nous devons subsister de notre esprit, nous efforcer de faire figure, de tenir un rang & de soutenir une famille, non par l'économie, la modération, l'ordre & le soin de nos propriétés, mais en essayant tout ce que l'industrie, la rapacité des plans spéculatifs, peuvent nous offrir; ou plutôt l'esprit d'invention, les arts, ce vaste commerce, cette riche agriculture, qui pourroient même, sans nos possessions éloignées, rendre notre empire la gloire du monde.

A l'égard de Norwich, les ordres d'Allemagne ont été bien *léfés* par la conduite de l'empereur. Dans toutes leurs fabriques il y a eu moins de demandes d'après une concurrence qui s'étend par-tout probablement dans tous les états étrangers, mais probablement aussi par l'usage très-répandu du coton, qui me paroît s'employer à presque tout ce qui sert à l'habillement; on riroit d'entendre un tailleur de village qui assure qu'un fermier veut à peine aujourd'hui porter des culottes de peau. Mon neveu, M. Jean Harvey, a mérité, pour ainfi-dire, d'avoir une ftatue à Norwich, pour les foins qu'il s'eft donnés dans la ftagnation du commerce de la laine, il l'excita & y fuppléa en employant les mêmes mains qui y étoient deftinées, au coton, aux draps, à la foie & au travail des fchâalons ; quelques-unes de ces dernieres étoffes ont été très-belles pour ce pays, & plufieurs de celles qui étoient à bon marché ont été exportées. Smith, fur la richeffe des nations, dit qu'on tricote des bas dans les îles de Sherland, jufqu'à une guinée la paire ; la laine, ou plutôt le duvet duquel ils font faits, doit être fûrement prefque auffi belle que celle de la chevre angora de Tartarie ; fi l'on pouvoit en obtenir quelque quantité, on pourroit faire de belles étoffes. M. Harvey a fait à la demande du lord Oxford, une piece d'étoffe de la tonte des chevres angora appartenantes à ce feigneur ; il eft étonnant combien peu il entre de foie, ou même de belle laine ou de coton, dans une fabrique, & conséquemment quelle petite proportion il se trouve entre la valeur de la matiere premiere, & la belle étoffe qui en est faite. On a fait à Norwich de belles étoffes de coton or & argent, mais elles ne duroient pas, & coûtoient fort cher. Le prix dans un ouvrage de manufacture, n'est pas d'une grande importance si la durée n'y répond pas, comme étoit autrefois le drap large anglois ; je crois qu'à présent il n'en est pas ainsi. J'ai vu de ce drap noir venu de France, il étoit excellent, mais il étoit cher, une guinée le *yard* de trente-trois pouces ; on m'a parlé d'une piece de drap de Norwich, à une livre 8 schellings cette même mesure. La bonté de notre laine courte, la cherté de la laine d'Espagne, & la difficulté d'en avoir, me font croire que les draps étroits ont été depuis peu si perfectionnés & si employés, qu'ils ont effacé les larges. La laine *baize* (1) est

____

(1) *Baize* est le nom d'une étoffe qu'on nomme en françois revêche, grosse étoffe frisée.

travaillée dans ce voisinage ; elle varie
en longueur, en souplesse & en douceur,
selon l'étoffe qu'on en doit faire ; on la
délivre aux fileuses , qui la cardent toujours aussi pour être rendue en poids
presqu'égal de filature. Elle est devidée
en écheveaux , huit tours de devidoir
marqués par un petit index, dans la roue
inférieure, font un nœud ; on file un
certain nombre de ces nœuds pour 1 sou,
selon que l'état du commerce & les demandes de cette espece de laine peuvent
le déterminer ; cinq nœuds dans le bon
tems , & huit dans le mauvais, font ordinairement la tâche ; mais le devidoir
peut être étendu ou resserré , & quelquefois la fileuse, avec le même nombre de
tours pour faire un nœud d'un sou, est
obligée de devider le fuseau par le
long devidoir d'une aune & demie (de
49 pouces $\frac{1}{2}$) en circonférence, & d'autres
par le petit devidoir d'une aune un quart
(41 pouces $\frac{1}{4}$). Ainsi, entre les deux devidoirs, il y a la différence de 8 pouces

pour la fileufe ; je n'ai pu favoir la raifon
de cette diftinction ; la laine eft filée pour
les deux devidoirs, au même degré de
beauté & de confiftance : on ne peut pas
craindre d'une telle variation, d'erreurs
femblables à celles qui viennent de devider le même nombre de tours au même
prix, fur des circonférences différentes.
La coutume a établi cette maniere :
quatre-vingt tours de devidoir pour un
nœud, & cinq nœuds pour 1 fou. Une
perfonne faite, habile & active, peut
gagner jufqu'à 10 fous par jour; à 8 nœuds
pour 1 fou, elle gagne 6 fous par jour;
une perfonne âgée, gagne environ 5 f.
à cinq nœuds pour 1 fou, & 3 fous à
huit nœuds pour 1 fou; un enfant de
neuf ans gagne 3 fous, à cinq nœuds
pour 1 fou, & 2 fous à huit nœuds pour
1 fou ; une livre de laine baize peut être
filée en quinze ou feize nœuds : on fournit
fouvent les cardes aux fileufes , & on leur
fait quelquefois pour cela une diminution
d'un fou fur chaque fchelling de filature.

Le cardage & le filage de cette laine, souvent très-grossiere & imbibée d'huile, est très-incommode & très-mal sain, surtout pour les enfans. La laine peignée qui fait toujours la chaîne de la *revêche*, est beaucoup plus aisée à filer, mais elle ne fait pas tant de profit, la *revêche* large étant généralement faite avec de la laine plus douce, est presque au même prix que la plus étroite ; mais elles different tant en largeur, en consistance, en beauté & en longueur de *peluche*, que je ne puis comprendre combien il doit entrer de laine dans une quantité à faire & déterminée d'étoffe.

Tant de variations dans l'état de cette manufacture, qui retombent enfin plus pesantes sur le peuple, viennent de l'iné-galité extraordinaire des demandes de l'étranger. Les demandes de l'Espagne ne sont point fondées sur un plan dicté par la prudence & la spéculation, mais par la seule nécessité ; on n'en fait jamais qu'on n'en ait le plus pressant besoin ; de grandes demandes produiſent une grande levée de marchandiſes, qui dans une telle *preſſe* ſont auſſi mal que promptement faites. La concurrence remplit bientôt les marchés, fait baiſſer & *ſtagner* toutes ces marchandiſes ; & comme le retour de ce flux de commerce ne peut être aiſément calculé, il eſt extrêmement harſardeux & très-coûteux de tenir un juſte milieu dans le travail des fileuſes & des tiſſerands, pour avoir une maſſe de marchandiſes qui dépérit facilement, & afin que les manufacturiers ſoient toujours prêts avec quelque certitude pour des avantages auſſi éloignés.

Nous n'avons ni chanvre ni lin. ONLEY.

KENT.

Sittingburn.

XXI.

ON ne file point de laine & très-peu de chanvre & de lin. L'agriculture eſt l'objet de tous les travaux. Les hommes font fi bien payés, qu'ils peuvent nourrir leurs femmes fans qu'elles filent. La laine longue s'eft vendue cette année 8 liv. à 8 liv. 10 fchellings la balle ; la laine courte s'eft vendue plus cher. WILLIAM BLAUD, *Ecuyer.*

S U S S E X.

Communiqué par l'honorable lord Sheffield.

X X I I.

LES laines de l'oueft & de l'eft de Shoreham, ne different jamais beaucoup en beauté ; celle de l'eft eft beaucoup meilleure, particulierement entre les rivieres Lewes & Eaftbourn. Le prix moyen de 1785 & 1786, entre Shoreham & Eaftbourn, étoit de 34 à 35 fchellings par poids de 32 livres ; le plus haut à 38 fch. & le plus bas à 29 fchellings. La meilleure

laine fut vendue en 1787, à 40 fchel.
& la moindre à 32 fchellings; mais il n'y
en eut pas une grande quantité à l'un ni
à l'autre de ces deux prix. On enleva
beaucoup plus de laine d'agneau ; on la
vendit en 1785 & 86, à 5 fous la livre,
& en 1787, 7 fous : vous favez qu'en
général y il eut l'année derniere plus de
groffe laine que de belle ; je ne puis rien
dire préfentement du prix de celle de
l'oueft de Shoreham. Il n'y a point de manufacture de laine dans la partie du Suffex
où je demeure ; mais il s'eft établi depuis
peu une manufacture de laine affez confidérable à Chicefter. Une femme gagne
dans cet endroit 8 à 10 fous par jour
lorfqu'elle peut filer dix ou douze heures.

STAFFORDSHIRE.

De Pendeford.

XXIII.

JE crains qu'il ne foit pas en mon pouvoir de faire des réponfes fatisfaifantes à vos demandes, concernant les manufactures de laine, de chanvre & de lin, ainfi que fur les gains des fileufes; on file très-peu dans cette province, & il y a peu de manufactures de cette efpece, excepté quelques petites dans des maifons particulieres.

Cette petite quantité de laine eft filée ici par des perfonnes de louage, à la livre, & le prix varie depuis 6 fous par livre de groffe, jufqu'à 1 fchelling par livre de la plus belle, pour la carder & la filer; une femme peut gagner environ 6 fous par jour, mais je ne puis dire quelle longueur de fil fait généralement une livre de laine.

Une grande partie de la laine filée ici, est tricotée en bas, pour l'usage ordinaire. Le chanvre & le lin sont filés ici par écheveaux, deux cent fils sur un devidoir de cent trente-deux pouces de circonférence. Les fileuses sont payées 1 sou $\frac{1}{4}$ pour filer & devider chaque écheveau; une livre de filasse fait depuis mille jusqu'à deux mille fils, selon la finesse du chanvre, c'est-à-dire de trois mille ou six mille aunes. Une fileuse gagne 6 sous par jour. Les femmes des villages très-peuplés aux environs de Dudley, filent une très-grande quantité de filasse pour faire des sacs; on en emploie beaucoup pour l'emballage des clous. Je n'ai pas eu la facilité de connoître les gains de ces fileuses, mais je crois qu'ils sont plus forts que ceux indiqués ci-dessus pour le filage du chanvre & du lin.

Il y a à Stourbrige, dans le Worcerstershire, une manufacture considérable de laine; mais j'en ai trop peu examiné la conduite, pour me croire en état d'en

faire

faire un rapport exact. A l'égard du prix de
la laine du Staffordshire, la race des moutons qu'on y éleve est très-variée. Le plus
grand pâturage pour ces animaux dans ce
comté, est un désert appelé Cannock,
contenant, comme je le crois, plus de
trente mille acres. Le poids des toisons
communes est d'environ 2 livres, & le
prix général pendant les cinq dernieres
années, étoit d'environ 16 schellings par
poids de 14 livres. Le quartier d'une
brebis grasse pese de 9 à 12 livres; celui
d'un mouton gras dans toute sa force,
pese 12 à 15 livres. Les moutons de cette
race augmentent beaucoup en grandeur,
& donnent plus de laine grossiere.

Les races des moutons de ce voisinage
sont en général de l'espece de celle du
Leicestershire; elles donnent depuis 5
jusqu'à 8 livres de laine, dont le prix est
de 6 à 8 sous la livre. La plus grande partie
des fermiers de cette province (excepté
ceux qui ont une grande étendue de
communes) ne tiennent des troupeaux

F

que pour l'année; quelques-uns les tirent annuellement des bois de Cannock ou des communes du Shropshire, & les nourriſſent chez eux. Les derniers donnent la plus belle laine; la toiſon peſe depuis une livre & demie juſqu'à 2 livres & demie; le prix eſt d'un ſchelling & 1 ſchelling 6 ſous par livre. La laine des moutons des communes de Morf de Shropshire, ſe vend ordinairement 1 ſch. 6 ſous & 1 ſchelling 8 ſous la livre; les toiſons une livre à une livre & demie; mais ces moutons tranſportés dans nos pâturages, donnent plus de laine d'une moindre valeur par livre. Pluſieurs fermiers tirent annuellement leurs moutons du Wiltshire, de Dorſet ou de Coteswold. Le prix & la qualité de ces laines tiennent le milieu entre les prix & les qualités que nous avons déſignés. On porte une grande quantité de la belle laine de cette province dans le Yorckshire.

WILLIAM PITT.

CORNWALL.

Communiqué par M. Harry Trelawney.

Bart.

XXIV.

LA plupart des fileufes gagnent depuis 4 fous jufqu'à 6 fous par jour, foit en filant de la laine cardée ou peignée ; elles font payées au poids ; le prix eft relatif à la qualité de la laine, depuis 2 fous & demi jufqu'à 5 fous & demi. Ce n'eft pas la coutume de Cornwall de filer par longueur, ni par écheveau ; la laine fut vendue en 1785, de 6 à 7 fous par livre de dixhuit onces ; en 1786, de 6 à 7 fous & demi, & en 1787, de 6 à 8 fous. Les toifons pefent depuis 3 livres ou au-deffous, jufqu'à 9 livres : le poids général eft d'environ 5 livres. Les fileufes font toutes employées à un bon prix, felon l'achat de la matiere premiere.

F ij

SUFFOLK (*).

Communiqué par M. Robert Loder.

De Woodbridge.

XXV.

ON ne file pas aſſez de chanvre ni de lin dans cette ville ou dans ſes environs, pour porter aucun jugement ſur les gains des ouvrieres, & ſur les variations auxquelles ils ſont ſujets.

(*) Les queſtions faites dans quelques-unes des lettres ſuivantes, étoient :

I. Que peut gagner maintenant par jour une bonne fileuſe (non pas la meilleure) reſpectivement par *douze ſous, dix-huit ſous & deux ſchel. d'ouvrage* (1) ?

____

(1) Ces expreſſions déſignent la longueur dans laquelle eſt filée la livre de laine, & non le prix qu'on donne actuellement pour la filer ; c'eſt le prix ancien qui a donné lieu à cette dénomination ; ainſi une livre de laine filée à 12 ſous eſt moins belle qu'à 18 ſous, & celle filée à 18 ſous l'eſt moins qu'à 2 ſchellings.

II. Quelles ont été les déductions faites sur le paiement de la livre d'ouvrage, dans les années suivantes, c'est-à-dire depuis 1775 jusqu'à 1787 ?

III. Si l'on file du chanvre ou du lin dans votre voisinage, quels sont les gains qu'on fait en le filant, & quelles sont les variations auxquelles ces gains ont été sujets ?

IV. S'il se présentoit quelque chose à vous, qui pût tendre à favoriser les pauvres industrieux dans leur situation présente, ou qui fût capable de prévenir une semblable détresse, on en recevroit avec beaucoup de satisfaction tous les détails.

FILAGE DE LA LAINE.

Deux schellings d'ouvrage.

	schel.	s.		schel.	s.	
Pour	2	9	payé	2	9	
	2	8		2	7	
	2	7		2	5	
	2	6		2	3	
	2	5		2	1	Une médiocre fileuse dans cette classe, filera pour 5 sous par jour sur le devidoir d'une aune &
	2	4		1	11	

schel.	s.		schel.	s.
Pour 2	3	payé 1	9
2	2	1	7
2	1	1	5
2	0	1	3
1	11	1	1
1	10	0	11
1	9	0	9

demie en circonférence; si les fileuses font seulement 2 schel. cela revient à 2 schel. 3 s. — 9 s.

Douze sous.

schel'.	s.		schel.	s.
Pour 1	2	payé 0	10
1	1	0	$8\frac{1}{2}$
1	0	0	7
0	11	0	$5\frac{1}{2}$
0	10	0	4
0	9	0	3
0	8	0	2

Une médiocre fileuse dans cette classe fera 12 s. par livre, qui reviennent à 7 sous
& gagnera dans la même proportion que la première.

Dix-huit sous.

schel.	s.		schel.	s.
Pour 1	8	payé 1	2
1	7	1	$0\frac{1}{2}$
1	6	0	11
1	5	0	9

Une médiocre fileuse dans cette classe filera & fera en commun 20 sous par livre; ce qui revient à 1 schel. 2 sous sur le dévidoir d'une aune & demie en circonférence; elle gagne dans la même proportion que les précédentes.

X X V I.

POUR répondre à votre demande, je vous envoie ce qui suit comme le résultat de mes recherches concernant la Filature. Je desire sincerement que votre travail en faveur des pauvres & du public, soit suivi du succès qu'il mérite J. CARTER.

Actuellement une bonne fileuse peut gagner par jour :

Sur 18 f. ou 2 fch. de travail, de 5 à 6 f.

    1 fch. . . . . de 3 à 4

Le travail le plus ordinaire est de 12 & les gains dont nous venons de parler, sont ceux d'une bonne fileuse; une médiocre, ainsi que les enfans, ne peuvent gagner que d'un à deux sous par jour.

L'énorme déduction actuelle de 5 sous par schelling, est très-nuisible aux pauvres, mais comment les payera-t-on, puisque le marchand de laine dit que leur travail est une provision morte dans ses mains?

F iv

D'après les recherches, on fait aussi
actuellement une déduction sur les peigneurs de laine, non par des paiemens
plus petits, mais, ce qui revient au même,
en employant seulement quelques-uns de
ces ouvriers, & en astreignant les autres
à limiter leurs gains par semaine. La recherche de ces objets est très-digne de
vos soins ; mais quand même le bas prix
de la Filature se releveroit, comme les
manufacturiers l'assurent, je crains que
le mal ne soit incurable; depuis que leurs
marchandises sont rivalisées bien au-delà
de la concurrence, par les machines à
filer, on ne file ni chanvre ni lin dans
ce voisinage.

Le meilleur compte que je puisse rendre
des déductions, dans le paiement des
fileuses, depuis 1775 jusqu'en 1788, est
le suivant, dans les années :

1775, 76 77, il n'y eut point de déduction sur
une livre de laine filée, on a déduit en

1778, 79, 80, ... 1 sou.

1781 , 82 , 83 , 84 , ... 2 fous.
1785 , 86 , ... 3
1787 , 88 , ... 5

Ces déductions ont été faites fur une livre filée pour 12 fous. La plus belle livre de laine filée au prix de 18 fous, 2 fchel. & 30 fous, fouffre moins de déduction en proportion. CARTER.

XXVII.

Hunſton , 12 Mars 1788.

JE vous envoie le réfultat des recherches que j'ai faites en conféquence de la lettre que vous m'avez fait l'honneur de m'écrire le premier du mois ; fi elles ne font pas utiles à votre deffein, regardez-les du moins comme une preuve du zele que je mets à exécuter, autant que j'en fuis capable, les ordres dont vous voulez bien me charger. J. HEIGHAM.

A préfent une bonne fileufe peut gagner par jour :

Pour 12 fous d'ouvrage, 3 fous & demi.

Pour 18 fous d'ouvrage, 4 fous.

Pour 2 fchellings, 4

Les pauvres ne comptent pas ce qui leur fuffit chaque jour. C'eft pourquoi, pour avoir un détail circonftancié des variations dans leurs falaires, vous devez, je crois, vous adreffer à quelques maifons d'induftrie ou à de femblables inftitutions, où les gains des gens qui habitent ces maifons, conftituent une partie du fonds qui les foutient, & où ils doivent conféquemment être notés avec ordre dans les comptes tenus par les directeurs.

Dans les manufactures de chanvre & de lin, le *hickler* répond au maître fileur dans les manufactures de laine. Il achete du cultivateur la matiere premiere, il la met en filaffe, & emploie les pauvres à filer cette filaffe pour les tifferands. Il y a cependant quelques pauvres qui achetent la filaffe, & qui la portent au marché après l'avoir filée ; ils ajoutent par ce moyen le profit du *hickler* à leur propre

profit, & vous voyez que cela doit être
ainſi. C'eſt l'intérêt du petit capital qu'ils
employent pour acheter la filaſſe.

Dans cet arrangement, les termes employés ſont ceux-ci :

40 fils	égalent un nœud.
20 nœuds	un écheveau.
3 écheveaux	un peloton ſur le petit devidoir d'une aune & demie de circonférence :
ou 2 écheveaux	un peloton ſur le grand devidoir de deux aun. un quart de circonférence.

Une bonne fileuſe file un écheveau par
jour, une médiocre, deux écheveaux &
demi, un enfant un écheveau. Il y a de la
différence dans la beauté de l'ouvrage ; la
plus belle filaſſe donne trois pelotons
dans une livre. Cet ouvrage eſt payé en
tout tems 1 ſchelling par peloton plus que
le reſte ; le prix le plus haut a été depuis
1783 juſqu'en 1788, de 10 ſous ; le plus

bas de 8 ſous par peloton ; le prix actuel eſt de 8 ſous & demi.

La ſeconde eſpece donne deux pelotons par livre. Dans le même eſpace de tems, le plus haut & le plus bas prix ont été de 8 ſous & demi & de 7 ſous par peloton ; le prix actuel eſt de 7 ſous & demi par peloton.

La filaſſe commune donne huit pelotons dans 10 livres ; dans le même eſpace de tems le plus haut & le plus bas prix ont été de 8 ſous & de 6 ſous & demi par peloton ; le prix actuel eſt de 7 ſous par peloton.

La plus groſſe de toutes les filaſſes eſt travaillée beaucoup plus ſerré que les autres, & c'eſt l'ouvrage des mauvaiſes ouvrieres. Dix livres de cette filaſſe donnent ſix pelotons ; dans le même eſpace de tems le plus haut prix & le plus bas ont été de 6 ſous & 6 ſous & demi par peloton ; ainſi la meilleure ouvriere, celle qui fait un peloton par jour, de la plus belle eſpece, gagne à préſent 8 ſous &

demi par jour , & la plus mauvaife ouvriere , ou l'enfant qui fait un écheveau
par jour de l'étoupe la plus groffiere, gagne
actuellement 2 fous & demi par jour.

Les gains de ce travail font en quelque
forte recherchés par ceux qui filent la
laine , car la même ouvriere eft en général capable de faire l'un & l'autre ouvrage , de forte que lorfque les fabricans
de laine donnent des falaires plus forts ,
le *hickler* fait de même , à moins que
toutes les ouvrieres ne foient employées
à la laine. Lorfque le falaire de la fileufe
de laine diminue , le *hickler* diminue
ceux qu'il donne , parce qu'il fait bien
que le pauvre doit faire quelque chofe. Les
marchés de filaffe font Harling , Diss ,
& je crois , Harlefton. JOHN HEIGHAM ,
Ecuyer.

XXVIII.

Hunfton, 16 *Mars* 1788.

J'ÉTOIS trop fortement pénétré de

l'importance des demandes que vous me faites, pour être satisfait de la réponse que je pouvois d'abord vous envoyer. J'avoue cependant que je fus pendant quelque tems assez embarrassé pour me procurer des informations qui pussent à quelque degré mériter votre attention ; mais je considérai que quoiqu'un propriétaire puisse regarder d'un œil jaloux un code de réglemens qui affectent sa propriété, lorsqu'il est proposé par un corps de manufacturiers dont il regarde l'esprit comme celui du monopole ; cependant il peut se trouver dans ce corps quelque personne dont les sentimens soient généreux, & qui s'intéressent véritablement au bien de la société en général (1). Dans cette idée, j'ai eu recours, pour les re-

____

(1) Il n'y a rien certainement de plus généreux que de tels sentimens, je le déclare de bon cœur ; mais c'est l'esprit de ce corps légistatif qui est seul suspect. Dieu nous garde de supposer que la classe des manufacturiers n'est pas pleine de gens animés des mêmes idées que les autres classes de ce grand & illustre empire.

cherches dont j'avois besoin, à un très-
gros fabricant. L'événement répondit à
mon attente, je rencontrai un homme
qui me donna avec la plus grande complaisance, les éclaircissemens que je dé-
sirois, & quoique je ne pusse montrer
que de l'indignation (1) pour les motifs
qu'on attribue aux manufacturiers, l'importance de vos questions & la nécessité
d'une exacte recherche me conduisirent.
Le fabricant dont je parle m'ouvrit donc
ses livres, & me permit de faire tels
extraits que je croirois utiles. J'aurois pu
vous envoyer un détail de quatre années,
mais pensant qu'il étoit plus avantageux de me tenir dans les bornes de
votre question, j'ai commencé le rapport
des déductions sur la livre d'ouvrage,
à 1775. Je pense cependant qu'il est bon
d'ajouter le prix commun du *poids* de la

____

(1) Je ne vois pas pourquoi de l'indignation ; si les manufacturiers font des propositions nuisibles à la société, ils
sont aggresseurs, & il est ridicule de ne leur opposer que
de l'indignation.

laine dans chaque année, pour montrer (ce que je ne m'attendois pas à trouver) que les variations dans les salaires des fileuses semblent dépendre de quelqu'autre cause (1). Le tableau suivant servira de réponse à votre seconde question.

Années	Prix moyen de la laine par poids de 28 liv.		Déduction sur la livre d'ouvrage.		
	sch.	s.	2 sch.	1 sch. 6 s.	1 sch.
1775	18		4^{80}	1^{80}	1^{80}
76	18	6	3	1	1
77	18	0	1	0	0
78	14	6	3	2	2
79	13	6	5	4	3
80	11	6	6	3	3
81	10	6	9	6	5
82	10	0	9	6	5
83	14	0	6	4	3
84	15	0	5	3	3
85	14	6	4	3	3
86	15	0	4	3	3
87	17	0	8	6	4
88 jusqu'à présent,	20	0	9	7	5

A l'égard de votre quatrieme question,

---

(1) Par exemple en 1777, lorsque les salaires des fileuses

je

je montrerai brievement au comté que nous habitons, l'importance de cette branche de commerce ; je préfente cet état fous deux chefs :

I. Le nombre & l'état des gens qu'on y emploie ;

II. Le montant net de leurs gains.

Les calculs fuivans font entierement fondés fur le nombre de journaliers peigneurs employés ; ils peuvent bien être, comme on le fuppofe, douze cent.

Chacun de ces journaliers peigneurs de laine, livre à fon maître, par femaine, l'un dans l'autre, 33 livres de laine ; ce qui eft l'emploi jufte de trente fileufes. Le nombre de celles ci peut donc être de douze cent, multiplié par trente, vaut 36000. A l'égard de l'état de ces fileurs,

---

étoient prefque au pair, (fi je puis m'exprimer ainfi) la laine étoit à 18 fchellings par poids de 28 livres ; en 1781 & 82 les déductions étoient auffi grandes qu'à préfent, quoique la laine fût alors à 10 fchellings 6 fous, & qu'elle foit maintenant à 20 fchellings par poids de 28 liv. Voyez la table ci-deffus.

G

nous pouvons penſer que la plus grande partie, & même tous, ſont des femmes, des enfans & des vieillards infirmes.

III. Le produit nèt de leurs gains :

Journaliers peigneurs de laine, douze cent à 10 ſchellings par ſemaine,

Fait   600 l. par ſemaine.
52   ſemaines.

$\frac{1}{12}$ de déduction comme une por-tion du travail de la moiſſon, lorſ-que les hommes laiſſent générale-ment les travaux de la laine pour faire la moiſſon, reſte . . . . .
} 1200
3000
31200   par année ; mais
2600
28600 pour le gain net de douze cent journaliers peigneurs de laine, pendant douze mois.

Les gains des fileuſes peuvent être ainſi calculés. Nous avons vu ci-deſſus que leur nombre eſt probablement de 36000 ſuppoſé ces gains les uns dans les autres, de 3 ſous par jour, ma premiere lettre

montre que cela est pris au plus bas, alors
3 sous par jour égalant 1 schelling 6 sous
par semaine, donne

$$2700 \text{ l. par semaine.}$$
$$52 \quad \text{semaines.}$$
$$\overline{}$$
$$5400$$
$$13500$$
$$\overline{}$$
$$140400 \quad \text{par année; mais}$$

Encore $\frac{1}{12}$ de déduction pour le
tems de la mois-
son & du gla-
nage, reste. . . $\Big\}$ 11700

128700   pour le gain net
de trente - six
mille fileuses en
douze mois.

A quoi ajoutez 28600 gains des peign.

Donne. . . .157300 pour le total des
salaires des fileuses & des peigneurs pendant un an dans ce comté.

J'ai des raisons pour croire que ce calcul est juste, mais comme il vaut mieux
se tromper en moins qu'en plus, prenons
ce total à la somme de 150000 livres;

de cette somme les $\frac{1}{6}$ sont gagnés par des femmes , des enfans & des vieillards infirmes.

Ces calculs offrent une réflexion de la plus grande importance. Si ce métier est perdu , s'il est fait dans la suite par des moulins & par des machines , quel sera le supplément d'une telle diminution sur le gain des pauvres ? Ce ne sera certainement pas la taxe en leur faveur, les propriétaires des terres ployent déjà sous cette charge. Elevera-t-on de nouvelles manufactures (1) ? Cherchera-t-on de nouveaux travaux ? Mais avant tout , le pauvre doit être accoutumé à ces nouvelles manufactures , il faut l'habituer à ces nouveaux travaux ; tout cela ne peut être effectué que par une parfaite union,

____

(1) Le chanvre peut remplir tous les objets dont on parle ici ; la législation montre le désir de l'encourager, & lorsqu'on fera des propositions à ce sujet , (puissent-elles se faire quelque jour) les fabricans de laine sentiront sans doute que cela est avantageux, & s'ils n'appuient pas ces propositions , du moins ils ne s'y opposeront pas.

une bonne intelligence entre les propriétaires des terres & les intéressés dans le
commerce. Cette union ne peut exister
que par une communication franche &
mutuelle de leurs sentimens, qui ne
peut être fondée des deux côtés, que sur
une entiere certitude que, malgré que
leurs plans, leurs intérêts & leurs opi-
nions paroissent différer, ils n'ont tous
deux que le même objet en vue. — Le
bien général de leur propre pays (1).

J. HEIGHAM.

Livermere, 10 *Mars* 1788.

*Communiqué par M. Lathbury à un
Correspondant.*

XXIX.

Une bonne fileuse ne peut gagner tout
au plus que 3 sous & demi ou 4 sous par
jour, sur 12 ou 14 sous d'ouvrage.

---

(1) Je ne puis assez exprimer ma reconnoissance pour
ce détail exact, clair & satisfaisant. A. YOUNG.

G iij

Au-delà de 14 fous d'ouvrage, la déduction eft de 5 fous pour une livre d'ouvrage , ou plutôt un tiers du tout.

Au-delà de 18 fous d'ouvrage, la déduction eft de 6 fous , un tiers du tout.

Au delà de 2 fchellings d'ouvrage , la
déduction eft de 9 fous , 1 fou de plus
que le tiers du tout.

Dans les années,

1775 La déduction fur une livre
     d'ouvrage, (de routes fortes)
     fut de. . . . . 2 f.
     Et pour environ fix femaines
     de la moiffon, ... 1

1779 Il n'y eut point de dé-
     duction, & fi les fileufes
     ne faifoient que . . . 11 f.   0
     elles recevoient . . . 11

1780 Déduction. 3
1782 6
1784 5
1787 7
1788 Pour 14 fous d'ouvrage, 5 f. pour

18 fous, 6 fous, & pour 2 fchellings,
9 fous.

La raifon pour déduire 9 f. de 2 fchel. d'ouvrage, eft que fi une bonne fileufe fait plus de 2 fchellings, elle eft payée pour ce qu'elle fait de plus, & un furcroît comme encouragement.

Icklingham.

Communiqué par Edouard Gwilt, Ecuyer.

X X X.

D'APRÈS les recherches que j'ai faites concernant la Filature, je trouve que les femmes qui travaillent affiduement toute la journée, gagnent 3 fous & demi, & quelquefois 4 fous par jour. Les enfans de dix à douze ans, quoiqu'habiles pour leur âge, travaillent très-affiduement pour gagner 2 fous, quelques-uns 1 fou & $\frac{3}{4}$ par jour. Un fabricant à Milner, paye 8 fous pour 12 fous d'ouvrage, & ainfi en proportion pour les différens prix. En Mai 1783 on déduisit à Bury sur

Dix-huit sous,		*Quatorze sous,*		*Douze sous,*	
f.	*f.*	*f.*	*f.*	*f.*	*f.*
3	sur 20	3	sur 16	3	sur 12
3 $\frac{1}{2}$	19	3 $\frac{1}{2}$	15	3 $\frac{1}{2}$	11
4	18	4	14	4	10
5	17	5	13	4	9

Le fabricant de Milner donna en Mars 1787, 10 sous pour 12 sous d'ouvrage, & en Mars 1786, il donna 9 sous pour 12 sous d'ouvrage, & ainsi en proportion. On ne file ni chanvre ni lin.

Gazely, 12 Mars 1788.

X X X I.

Pour répondre avec autant d'exactitude que le demandent les questions contenues dans votre lettre, j'ai examiné la Filature de la paroisse, dont je vous envoie une courte explication, & j'ai trouvé que le gain le plus haut n'excede pas 1 schelling par semaine, & le plus bas

6 sous. Le détail que j'ai reçu d'une personne qui fabrique la laine, est le suivant :

	1788 Quand la mesure est faite, on prend	1787	1786	1785
2 sch. d'ouvrage, ...	8 s.	6 s. . .	4 s. .	Je ne puis parler avec certitude d'un plus long tems, mais je pense que cette année fut environ comme l'année 1786.
18 s.	6	5 . .	3 . .	
1 sch.	4 . . .	3 . .	2 . .	

Si la fileuse fait à présent 2 sch. d'ouvrage	On prend
23 s.	10 s.
22	12
21	14
18 s. d'ouvrage	
17 s.	7 s. $\frac{1}{2}$
16	9
15	10 $\frac{1}{4}$
14	13 $\frac{1}{4}$
1 sch. d'ouvrage	
11 s.	5 s. $\frac{1}{2}$
10	7
9	8 $\frac{1}{2}$
8	10

J'apprends en même tems que ce fabricant donne 1 sou de plus dans cette paroisse qu'on ne donne dans les paroisses voisines.

CHARLES WEDGE.

Comme le prix de la Filature étoit diminué l'année derniere, j'appris de quelques pauvres, lorsque je faifois l'office
d'infpecteur, que la penfion ou la paye
de la paroiffe ne leur fuffifoit pas pour
les foutenir; & ils me dirent auffi que
fi les prix du filage euffent continué fur
le même taux où ils étoient, ils auroient
trouvé en cela une reffource fans l'augmentation de leur penfion.

Je leur dis donc que je donnerois une
prime d'un fou, pour chaque 6 fous qu'ils
gagneroient, & pour m'affurer d'une maniere certaine, de leurs gains, je mar-
quai un papier de la maniere fuivante,
pour être attaché fur une table, & envoyé
à la maifon de Filature, je demandai
qu'on fît marque une à la divifion
de chaque femaine, vis-à-vis le nom de
chaque perfonne, pour chaque 6 fous
d'ouvrage qu'elle auroit fait, & que la
table fût portée tous les dimanches à
l'églife où je paye toujours les pauvres. Je
diftribuois mon fou felon le nombre de

traits de plume qui se trouvoient à chaque
division, & quand il ne s'en trouvoit pas
j'en demandois la raison, & j'écrivois
mes observations en conséquence (1).

	semaine. 1	2	3	4	5	6	l.	sch.	s.
A. B.	paresseux.	paresseux.	&	insolent.	paye arrêtée	à l'ouvrage.			
C. D.	II.	II.	II.	III.	mauvais.	I.			

Cet arrangement répandit d'abord une
alarme générale, & quelques-uns s'obsti-
nerent jusqu'à dire qu'ils aimoient mieux
platôt mourir, qu'un inspecteur ne con-
nût ce qu'ils gagnoient, & qu'il sût s'ils
travailloient ou ne travailloient pas toutes
les semaines; mais l'arrêt de leur paye
les obligea bientôt à s'y conformer; c'est
une chose étonnante que l'effet de ce re-
gistre hebdomadaire sur leur conduite.

---

(1) C'étoit un plan excellent qui auroit mérité d'être
suivi. A. YOUNG.

Je n'ai eu aucune plainte à faire tant que j'ai demeuré dans cet emploi. Mon succeffeur continue fur le même plan avec le même fuccès.

S'il s'élevoit quelque plainte, ce regiftre pourroît être produit en juftice, & donneroit une jufte idée de la valeur de ces plaintes.

Troſton, 9 Mars 1788.

XXXII.

Dès que j'ai eu vu quel étoit l'objet des recherches contenues dans vos lettres, j'ai fenti combien elles importoient à la police, à la juftice & à l'humanité ; j'ai fur le champ écrit à quelques amis, & me propofe d'en confulter encore d'autres qui me mettront en état, je l'efpere, de répondre pleinement à vos demandes.

D'un autre côté vous avez la connoiffance de l'état de la Filature dans ce village.

Le chanvre est travaillé au métier, &
probablement filé à Ixworth.

La quatrieme question mérite une réponse plus mûre & plus étendue; j'obser-
verai seulement qu'un officier de paroisse
s'acquitteroit convenablement des de-
voirs de sa charge, en cherchant des
travaux & des emplois pour les pauvres,
relatifs à leur âge, à leur sexe, à leur
habileté, à leur maniere de vivre, & aux
paroisses où chacun d'eux habite; en
déterminant de ne jamais refuser un certificat, lorsqu'un honnête artisan voudroit
gagner sa vie dans une autre paroisse, &
qu'il ne le pourroit pas dans la sienne, à
cause de quelque désavantage local; en
évitant de forcer indistinctement les
pauvres dans les maisons de travail; en
ayant égard aux réclamations de l'âge
vénérable & aux affections domestiques
de ceux qui souffrent par indisposition ou
par quelque accident inévitable; cette
conduite contribueroit beaucoup à sou-
lager la situation actuelle des pauvres in-

(110)

duſtrieux. Je crois que le filage du chanvre & du lin pourroit ſans difficulté, être très-utile à ce deſſein.

Troſton, 9 Mars 1788.

Douze ſous.		Dix-huit ſous.		Deux ſchellings.	
Donné	pour	Donné	pour	Donné	pour
7 ſ.	12 ſ.	12 ſ.	18 ſ.	15 ſ.	2 ſch.
5 ½	11	10 ½	17	13	1 11 ſ.
4	10	8	16	11	1 10

Le manque d'un ſou dans la tâche, diminue 3 demi-ſous, pour le manque d'un ſou dans une tâche de 2 ſchellings, diminue 2 ſous.

On donne dans la même proportion pour tout ce qui eſt fait au-deſſus de la tâche; ce qui arrive rarement.

Une fileuſe paſſable gagnera 5 ſous par jour, une bonne 6 ſous. CAPEL LOFFT, Ecuyer.

XXXXIII.

J'ai reçu le détail que je vais vous présenter, d'un des officiers de paroiſſe de
Hinderclay.

On file beaucoup ici de laine & de
chanvre.

La laine eſt le plus ſouvent à 12 ſous
l'ouvrage.

Un enfant de onze ans file environ
5 ſous par jour, deſquels la déduction
étant faite, il reſte pour le gain net ſeu-
lement les deux tiers environ.

Le filage du chanvre eſt comme il ſuit :
Teillage, 1 ſchel. 6 ſ. . . . .
Peignage, 1 ſchel. 6 ſ. . . . .

On file depuis 6 ſous juſqu'à 8 ſous le
peloton, qui vaut deux écheveaux du
devidoir de deux aunes & un quart ; &
trois du devidoir d'une aune & demie,
quatre fils dans le *lea*, vingt *leas* valent
un demi-peloton.

Cet officier dit qu'on fait les mêmes déductions sur le chanvre que sur la laine filée, & que les profits alloués aux fileuses de chanvre augmentent & diminuent communément comme ceux du filage de laine. M. Brow, l'autre officier de la même paroisse, est un grand cultivateur de chanvre; il m'apprend qu'il y a une école de Filature à Botesdale.

Les enfans déjà grands gagnent communément 6 sous par jour.

Les écoliers ou apprentifs ne gagnent pas moins de 3 sous.

Les parens payent quelque chose à la femme pour leur montrer le métier; ce qui, joint au profit qu'elle fait en devidant, lui procure une suffisante subsistance.

On file beaucoup de chanvre dans les villages près de Diss. CAPEL LOFFT, *Ecuyer.*

XXXIV

XXXIV.

D'APRÈS les recherches que j'ai faites
sur le filage de la laine à Barrow, je trouve
que si les fileuses font la tâche, qui est
d'une livre de laine au prix de 12 sous,
elles reçoivent 8 sous; si elles ne font
que pour 11 s. elles reçoivent 6 s. & demi.

$$10 \ldots \ldots 5$$
$$9 \ldots \ldots 3\tfrac{1}{2}$$
$$8 \ldots \ldots 2$$

Mais à Risby & à Cavenham elles ne
reçoivent que 7 sous pour une livre de
douze sous, si elles font la tâche; pour
11 sous (1) elles ont 5 sous & demi; pour
10 sous, 4 sous, &c.; pour 14 sous de
travail, quelques personnes donnent 10 s.
d'autres seulement 9 sous pour la tâche,

---

(1) J'apprends, comme on le verra dans la continuation
de cette correspondance, n°. suivant, que la variation qui
paroît ici n'est pas réelle, & qu'elle est due à une différence
dans la laine, les gains par jour étant les mêmes.

H

& déduisent comme ci-dessus un demi-sou pour chaque sou au-dessous de la tâche.

Pour 16 sous d'ouvrage on donne 12 sous avec la même déduction.

Pour dix-huit sous d'ouvrage sur le grand devidoir, les fileuses reçoivent 12 s. On ne file pas sur cette paroisse pour 2 sch. d'ouvrage ; il n'y a point de fileuse constamment employée au filage du chanvre ; lorsque les ouvrieres le filent pour les cordonniers, elles gagnent 6 sous par jour ; tandis que les bonnes fileuses ne peuvent gagner que 2 sous & demi chaque jour, ou 1 schelling 3 sous par semaine, les très-bonnes fileuses 3 sous par jour ou 1 schelling 6 sous par semaine, elles qui avoient coutume de gagner il y a quelques années, les premieres 2 schellings 6 sous par semaine, les dernieres 3 schellings.

WILLIAM MACRO.

X X X V.

LA laine est peignée ici en flocons du poids d'une livre, & filée en différentes longueurs & à différens prix, sous les dénominations de 12 sous d'ouvrage, 14 sous, 18 sous ou 2 schellings d'ouvrage, c'est-à-dire que le prix nominal du filage d'une livre de laine médiocre, est 1 schel. & celui de la filature d'une livre de la plus belle laine, est de 2 schellings; ce prix nominal étoit autrefois réel, & sa réalité a donné lieu à la dénomination. Mais les fabricans, sous le prétexte, ou même à cause des mortes saisons, ont admis des déductions sur un principe arbitraire, puisqu'ils étoient juges & parties dans leur conduite.

Dans quelques especes de filature, cent soixante yards (ou cent vingt aunes de France) en longueur font un simple;

deux fimples, un double ; & fix doubles un écheveau. Une livre de laine de 12 f. d'ouvrage eft filée en fix écheveaux, ou dans une longueur de huit mille fix cent quarante aunes ; une livre de laine de 14 fous d'ouvrage eft filée en fept écheveaux ou dix mille quatre-vingt aunes ; une livre de laine de dix-huit fous eft filée en neuf écheveaux, ou douze mille neuf cent foixante aunes ; une livre de laine de 2 fchellings d'ouvrage eft devidée fur un devidoir d'une demi-aune en circonférence, dont quatre-vingt tours font un fimple, deux fimples un double, fix doubles un écheveau, & douze écheveaux à la livre, ou quinze mille cent vingt aunes.

Les déductions font :

1°. Au lieu de payer 1 fchelling pour 12 fous d'ouvrage, on paye 7 fous ;

2°. Au lieu de 14 fous pour 14 fous d'ouvrage, on paye 8 fous ;

3°. Au lieu de 18 fous pour 18 fous d'ouvrage, on paye 11 fous ;

4°. Au lieu de 2 fchellings pour 2 fchel.
d'ouvrage, on paye 13 fous.

Si la fileufe file une livre de laine dans
une plus grande longueur que celle qui
eft convenue, elle eft payée double prix
pour ce qu'elle fait de plus dans un bel
ouvrage ; & fi elle fait moins que cette
longueur, elle laiffe prix double pour ce
qui manque. Dans le travail de la laine
groffiere, la déduction eft de un fou &
demi pour un fou de moins d'ouvrage.

J'ai appris qu'en 1787 on paya
8 fous au lieu de 12 fous.
10   14

Qu'en 1786 on paya
11 fous pour   14 fous.
9   12

Qu'en 1785 & 1784 on paya
12 fous pour   14 fous.
9   12

& qu'il y a dix à douze ans on payoit
dans tous les ouvrages le prix entier.

Actuellement les gains d'une moyenne
fileufe fur 12 & 14 fous d'ouvrage, ce

H iij

qui se fait le plus généralement, sont de
3 sous & demi par jour.

RÉCAPITULATION.

Filature.

Pour la plus grande clarté je mettrai
la correspondance sur la Filature, dans
un seul tableau, comme je l'ai fait pour
le prix de la laine.

Yorkshire...	Rev. M. Holmes.
Laine........	Peignée.
Travail......	Superfine, une livre filée en quinze mille cent vingt aunes de longueur, pour quoi on paye 1 schelling 10 sous.
	Seconde, — dix mille quatre-vingt aunes, — payé 11 sous $\frac{1}{2}$.
	Troisieme, — sept mille cinq cent soixante aunes, payé — 8 sous $\frac{1}{2}$.
Gains........	Superfines, 1 schel. par jour.
	Seconde & troisieme, 9 sous.

Lin.	On gagne un peu plus de 6 fous par jour.
Déductions.	Quelquefois les ouvrieres font payées 11 fous pour 1 fchel. quelquefois 1 fchel. 1 fou.

—————————— William Prieftley , *Ec.*

Laine.	Peignée.
Gains.	Moyen des dix dernieres années , 6 fous par jour.
	Il y a douze ans , 7 fous $\frac{1}{2}$; cinquante ans avant , 4 fous ; à préfent 6 fous.
Déductions.	Selon le tems.
Lin.	On gagne 6 fous par jour.
Chanvre.	— plus qu'au lin.
Lincolnshire. . . .	Chevalier Jofeph Banks.
Laine.	Peignée.
Gains.	Une fille de neuf ans , 4 à 5 f. quelques-unes au-deffous de feize ans , gagnent 10 fous.
Lin.	Gains au-deffous de 6 fous.
Northamptonshire.	Charles Hall , *Ec.*
Laine.	Peignée.
Travail.	Une livre filée dans une longueur de dix mille quatre-vingt aunes , 1 fchelling 2 f. ; de douze mille deux cent

[illegible]	quarante aunes, 1 schelling 5 sous; de quatorze mille sept cent quatre-vingt-dix aunes, 2 schellings.
Buckingham. . . .	John King, *Ec.*
Travail.	Dentelle.
Gains.	Depuis 6 à 12 sous.
Oxford.	Rev. M. Schomberg.
Laine.	Peignée & pour draps.
Gains.	Barely, *6 sous.*
Gloucester. . . .	Rev. M. Swayne.
Laine.	Espagnole & angloise.
Travail.	Une livre d'Espagne, trente écheveaux, sept mille deux cent aunes en longueur; quatre mille neuf cent cinquante aun. pour 1 schelling 1 sou.
	Une livre de laine angloise, vingt-cinq ou vingt-six écheveaux, six mille aunes en longueur, quatre mille neuf cent cinquante aunes pour 1 schel.
Hampshire. . . .	Colonel Barker.
Laine.	Pour des draps.
Travail.	Une livre filée pour 1 schelling.
Gains.	Dans le bon tems 6 sous.
Déductions. . . .	On avoit coutume de payer le

	schelling entier ; quelques an-nées avant la déduction, 2 f. à préfent 3 fous & peu de travail.
	M. Thomas Bernard.
Laine.	A draps.
Travail.	Une livre de laine filée , dix mille huit cent aunes pour 1 fchelling , & en quatorze mille quatre cent aunes pour 1 fchelling 5 fous.
Déductions.	Trois fous fur la livre ; avant la faint Michel derniere , feu-lement 2 fous.
Gains.	En été 6 fous ; en hiver 4 fous.
Chanvre.	Gagne 4 à 6 fous toute l'année.
Devonshire. . . .	Chriftophe Gullet, *Ec.*
Laine.	Peignée.
Gains.	Six fous par jour.
Déductions. . . .	Quand les tems font mauvais.
Herefordshire. . .	Samuel Palet, *Ec.*
Laine.	Pour les draps.
Gains.	Pour carder & filer 8 fous par livre ; on fait une demi-livre par jour.
Lin.	On peut gagner 6 fous ; mais en général demi-liv. pour 4 f.

Somersetshire....	Robert Proctor Anderdon, *&c.*
Laine.........	Peignée.
Travail.......	Sept sous ½ par livre pour filer.
Gains........	Quatre sous ½ par jour.
Déductions.....	Aucune.
Shropshire....	Edouard Harries, *&c.*
Laine.........	Pour les draps.
Travail.......	Filée par les machines nommées *jennies*.
Gains........	Les femmes, 8 à 11 schellings par semaine.
	Les filles 3 à 4 schellings.
	En filature commune, à peine 6 sous par jour.
Chanvre & lin...	Pour la filature du chanvre, 7 s. par livre, lin, 8 sous.
Sussex........	L'honorable lord Sheffield.
Laine.........	Pour les draps.
Gains........	En dix ou douze heures, 8 à 10 sous.
Essex.........	Rev. M. Onley.
Laine.........	Pour draps.
Travail.......	Dans les bons tems trois cent soixante-quinze aunes sur un devidoir, & quatre cent sur un autre, pour 1 sou.
	Dans les mauvais tems, six cent

	aunes sur le premier , & sept cent vingt sur l'autre devidoir.
	Une livre de laine est filée en mille cent vingt-cinq aunes sur un devidoir , & en mille trois cent cinquante sur l'autre; on paye pour filer une livre de laine , dans le bon tems, 3 f. dans le mauvais, environ 2 f.
Gains.	Une femme, dans le bon tems, gagne 10 fous, dans le mauvais, 6 fous ; une personne âgée, dans le bon tems, gagne 5 fous, dans le mauvais 3 f.; une fille de neuf ans , dans le bon tems, 3 fous, dans le mauvais 2 fous par jour.
Staffordshire. . . .	M. William Pitt.
Laine.	Pour draps.
Travail.	Pour la grosse laine, 6 fous par livre; pour la belle 1 schelling.
Gains.	Six fous par jour.
Chanvre & lin. . .	On gagne 6 fous par jour.
Cornwall.	Rev. Harry Trelawney , Bart.
Laine.	Peignée & pour draps.

Travail.	Prix de la filature depuis 2 f. ½ jusqu'à 3 f. ½ par livre.
Gains.	Depuis 4 jusqu'à 6 f. par jour.
Suffolk.	
Laine.	Peignée.
Travail.	Huit mille six cent quarante aunes pour . . 7 f. Dix mille qua-tre-vingt aun. 8 Douze mille neuf cent soi-xante aunes. . 11 Sept mille six cent vingt. . . 15 } Au prix pré-sent, mais avec quel-ques varia-tions locales.
Gains.	A présent 3 sous ½ à 4 sous.
Déductions.	5 sous sur 12 sous. 6 14 6 18 9 24
Chanvre.	On gagne 6 sous à présent.
Travail.	Trois mille huit cent aunes pour un peloton, filées pour 7 à 8 f. ½. Mille cinq cent aunes dans une livre, filées pour 2 schellings 1 sou ½.

D'après ce tableau, il paroît que les 3 sous ½ par jour, gains du comté de

Suffolk, font les plus bas de tout le royaume ; ce qui eft dû à la dépendance où font les pauvres des manufactures de Norwich, dans lefquelles le travail de la filature eft rivalifé par une grande importation de laine filée d'Irlande.

Gains pour la Laine.

Yorkshire. . . . . 9 f.
Autre rapport. 6
Lancashire. 9
Lincolnshire. 8
Oxfordshire. 6
Hampshire. 5
Devonshire. 6
Herefordshire. 4
Somerfetshire. . . . . $4\frac{1}{2}$
Shropshire. 6
Cornwall. 5
Suffex. 9
Effex. 6
Staffordshire. 6
Suffolk. . . . . $3\frac{1}{2}$
Prix moyen de quinze comtés. . $6\frac{1}{4}$

Dans le comté de Suffolk on gagne

donc seulement un peu plus de la moitié
que par-tout ailleurs. Il est bien évident
qu'on doit chercher quelques moyens
pour introduire dans ce comté le chanvre
ou quelqu'autre fabrique ; mais l'introduction des machines à filer obligera graduellement les autres comtés à chercher
quelques nouveaux secours pour leurs
pauvres ; il faut que leur agriculture de-
vienne aussi parfaite qu'elle l'est dans le
comté de Kent , pour les soutenir sans
le secours des manufactures.

Quelle satisfaction pour le lecteur , si
je pouvois lui présenter les gains faits
par les fileuses dans chaque année où
l'exportation des marchandises de laine
& le prix de la matiere premiere sont
connus ! Nous pourrions alors voir si cette
branche d'industrie nationale a souffert
en proportion des propriétaires des laines.
Si mes correspondans veulent m'envoyer
annuellement les variations qui peuvent
arriver dans le paiement de ces pauvres
ouvriers, ainsi que les prix des laines,
ce sera une masse de connoissance qui

s'augmentera continuellement, & dont l'utilité ne pourra être révoquée en doute.

LAINE.

Afin que ces particularités puissent être immédiatement utiles au lecteur, je mettrai dans un seul tableau toute cette correspondance, en commençant par le prix de la laine. Je réduirai au poids de 28 livres les différens poids employés dans les écrits précédens.

Comtés.	Villes.	Années.	Prix.	Poids des toisons	Espece.
rkshire.	Scorton. . . .	1785	14. . 6	7 l. . .	Peignée.
		1786	15. . 10		
		1787	17. . 7		
		1788	20. . 0		
	Rippon. . . .	1787	18. . 6		Peignée.
		1788	19. . 8		
ncashire. . . .	Halfel.	1788	Augmentation de a sch 2 s. un quart le poids depuis la derniere tonte.		
ncolnshire. . .	Marais du sud.	1776	17. . 0	8 l. . .	Peignée.
		1777	17. . 0		
		1778	14. . 6		
		1779	11. . 0		
		1780	9. . 3		
		1781	8. . 9		
		1782	8. . 6		
		1783	10. . 3		
		1784	13. . 0		

Comtés.	Villes.	Années.	Prix.	Fonds des toisons	Espèce.
Lincolnshire	Marais du sud.	1785	12. . 9		
		1786	12. . 9		
		1787	16. . 3		
Northamptonshire.	Daventry. . .	1787	18. . 0	7 ou 8 l.	Peignée.
Buckinghamshire.	Wycomb. . . .	1787	12. . 9		
Oxfordshire. . . .	Whitney. . . .	1785	15. . 6	4 l. $\frac{1}{2}$.	Peignée & pe draps.
		1786	17. . 0		
		1787	19. . 0		
	Ditto.	1783	8. . 2		Laine grossière
		1784	8. . 2		
		1785	9. . 4		
		1786	10. . 6		
		1787	14. . 7		
Gloucestershire. .	Colswold. . .	1785	16. . 0	4 l. $\frac{1}{2}$.	Pour draps.
		1786	17. . 0		
		1787	18. . 0		
		1788	18. . 6		
Hampshire.	. . . .	1757	18. . 8		Pour draps.
		1758	21. . 7		
		1759	21. . 0		
		1760	18. . 8		
		1761	18. . 10		
		1762	18. . 10		
		1763	21. . 6		
		1764	21. . 7		
		1765	21. . 2		
		1766	22. . 9		
		1767	22. . 9		
		1768	20. . 6		
		1769	20. . 0		
		1770	20. . 6		
		1771	22. . 9		
		1772	22. . 9		
		1773	20. . 0		
		1774	20. . 6		
		1775	21. . 7		
		1776	21. . 7		
		1777	21. . 6		
		1778	18. . 8		
		1779	15. . 9		
		1780	18. . 10		
		1781	20. . 0		
		1782	21. . 6		
		1783	21. . 0		

Comtés.	Villes.	Années.	Prix.	Poids des toisons.	Espèce.
Hampshire.	. . . .	1784	22 . . 0		
		1785	22 . . 2		
		1786	21 . . 2		
		1787	24 . . 0		
Ditto.	Isle de Wight.	1780	14 . . 6		
		1781	15 . . 6		
		1782	15 . . 6		
		1783	17 . . 6		
		1784	17 . . 6		
		1785	21 . . 3		
		1786	19 . . 3		
		1787	20 . . 3		
Ditto.	Mitchelmarsh.	1787	22 . . 9	. . . .	Pour draps.
Devonshire.	Beerferris. . .	1787	14 . . 7	. . . .	Peignée.
Herefordshire. . . .	Del ya. . . .	1787	42 . . 0	. . . .	Pour draps.
Ditto.	Ross.	1787	49 . . 0	. . . .	Ditto.
Somersetshire. . . .	Taunton. . . .	1785	22 . . 2	. . . .	De mouton cornu.
			17 . . 6	. . . .	Non ditto.
		1786	21 . . 0	. . . .	De mouton cornu.
			18 . . 8	. . . .	Non cornu.
		1787	21 . . 4	. . . .	De mouton cornu.
			18 . . 8	. . . .	Non cornu.
	Mendip Hills.	1786	25 . . 8	. . . .	Pour draps.
		1787	18 . . 0	. . . .	
Shropshire.	Shrewsbury. .	1787	18 . . 0	. . . .	Pour draps.
Kent.	Sittingburn. .	1787	18 . . 8	. . . .	Peignée.
Wiltshire.		1787	21 . . 6	. . . .	Pour draps.
Dorsetshire. . . .		1787	25 . . 10	. . . .	Ditto
Sussex.	East - Bourn. .	1785	30 . . 4	. . . .	Pour draps.
		1786	30 . . 4		
		1787	32 . . 0		
Staffordshire. . . .	Pendeford. . .	prix moyen pour cinq années.	32 . . 1	. . . .	Pour draps.
Cornwall.	Looe.	1785	17 . . 11	5 l. . . .	Peignée & pour draps.
		1786	18 . . 0		
		1787	18 . . 6		
Suffolk.	Bury.	1775	18 . . 0	. . . .	Peignée.
		1776	18 . . 6		
		1777	18 . . 0		
		1778	14 . . 6		
		1779	13 . . 6		
		1780	11 . . 6		
		1781	10 . . 6		

Comtés.	Villes.	Années.	Prix.	Poids des toisons.	Espèce.
Suffolk.	Bury.	1782	10. . 0	. . . . .	Peignée.
		1783	14. . 0		
		1784	15. . 0		
		1785	14. . 6		
		1786	15. . 0		
		1787	17. . 0		
		1788	20. . 0		

Le lecteur voit, d'après ce tableau, l'augmentation générale du prix de la laine dans tout le royaume, pendant les trois ou quatre dernieres années, mais surtout dans l'année 1787. Le grand objet des manufacturiers, à présent, est de montrer que cette augmentation est due à la fraude, à une exportation clandestine de cette marchandise, plus grande que dans aucun autre tems. Mais on ne peut pas avancer une assertion plus hasardée, puisque les détails seuls contenus dans ce tableau, la refusent pleinement; car l'augmentation est beaucoup plus considérable sur les laines très-grossieres que sur les très-belles & très-longues laines. Ce seroit donc à dire qu'on a transporté

frauduleusement une espece de laine que
personne n'a jamais imaginé devoir être
l'objet d'un commerce clandestin. Mais
il est bien connu au contraire qu'aucune
espece de laine n'est transportée clandestinement ; qui assurera que la grosse laine
de Witney, au prix de 3 sous, soit fraudée ?
Je laisse donc à tout homme sensé de
considérer s'il n'est pas probable que l'augmentation générale du prix de la laine
n'est pas plutôt due à celle des demandes ;
ce qui démontre, comme nous le savons,
la grande prospérité de notre commerce,
bien suffisante pour expliquer cette augmentation de prix, plutôt, dis-je, que
de l'attribuer à un commerce clandestin,
dont l'insuffisance pour en rendre raison,
a été démontrée tant de fois ; mais si les
variations dans les prix de nos laines sont
dues aux exportations clandestines, cher-
chons ce qui a pu si profondément en-
dormir les fraudeurs à l'égard de la laine
longue, puisque les monopoleurs nous
disent qu'on a plus besoin en France de

la longue laine de Lincoln, que d'aucune autre. Il falloit qu'il n'y eût pas de fraudeurs dans les années 1781, 82, 83, car le prix de la laine fut si bas alors, que la tentation de l'exporter clandestinement fut infinie. Cependant il ne se fit point d'exportation, jusqu'à ce que le commerce de tout le royaume se relevât plein de vigueur, & alors sans doute, l'exportation clandestine se ranima aussi. Nous pouvons voir, d'après ce raisonnement, combien sont fondées de semblables idées. 1781 étoit le tems où l'exportation étoit au plus bas dans tout le royaume. Il en fut de même pour le prix de la laine de Lincoln. Est-ce donc une maniere si claire de rendre raison du bas prix de cette marchandise dans un tems, & de son augmentation dans un autre, que de les attribuer à la fraude seule? Les marchands de laine font un tel monopole sur cette marchandise, qu'ils peuvent empêcher le prix de s'élever plus haut que le prix moyen, quoiqu'ils ne puissent pas l'em-

pêcher de baiſſer ; ainſi toute augmentation dans le prix, s'arrête devant le
prix commun ; ſi bien qu'à préſent il eſt
à un taux comparatif très-modéré, & ne
peut aſſez ſe relever pour réparer les
pertes d'un tems où le prix étoit plus bas.
La diſette préſente de la laine eſt due ſimplement à la proſpérité des fabriques ; il
y a une beaucoup plus grande quantité
de demandes de quelques eſpeces de
laine, qu'il n'y en avoit, & ces demandes
ont hauſſé les prix. Ce fut préciſément
de même lorſque le bill général concernant la laine paſſa en 1739, l'exportation
en 1736, 37, 38, avoit monté au-deſſus
de quatre millions par an, & quoique le
prix de la laine fût très-bas, il ne le fut
pas encore aſſez pour ſatisfaire les monopoleurs. Ils ſe plaignoient de la diſette de
la laine & de la décadence du commerce
de cette marchandiſe, qui étoient dues,
diſoient-ils, à la concurrence de la France,
qui travailloit nos laines ; & telles étoient
alors les connoiſſances des membres du

I iij

parlement, que leurs raiſons furent re-
çues & que leur bill paſſa. Aucun membre
ne parla en faveur de l'exportation des
laines, & n'examina ſi les aſſertions des
marchands étoient fondées ou non. La
proſpérité étoit donc la cauſe de leurs
murmures, & c'eſt une ſinguliere conſti-
tution que celle d'un corps qui ſe plaint
du bonheur général. Mais il n'y a rien de
ſi vorace qu'une ſociété de monopoleurs,
elle veut tout engloutir.

Dans nos manufactures de laine, il
n'eſt queſtion que de plaintes, que de
décadence ; dans toutes les autres manufactures du royaume on ne voit qu'accroiſſement, que proſpérité, tout y eſt
en vigueur. N'eſt-il pas fort curieux de
rechercher à quelle cauſe peut être dû
un contraſte ſi étrange ? L'heureuſe induſtrie des Anglois eſt enviée de tout le
monde, & bien loin qu'aucun article
conſidérable des fabriques de France ſoit
d'une rivalité dangereuſe pour notre nation, c'eſt que la ſupériorité des nôtres

est actuellement sentie & reconnue.

Notre coton, notre quincaillerie, sellerie, poterie & d'autres articles, sont
à meilleur marché qu'aucune autre du
monde d'une égale bonté. Il en est de
même de plusieurs articles de verrerie &
soierie; il en seroit ainsi de tout, si l'accise (1) n'en empêchoit pas. A quoi est
due cette supériorité reconnue ? A la
liberté, aux efforts de l'esprit humain
dégagé d'entraves, sous la protection du
gouvernement le plus libre qu'on ait vu
dans l'univers; à des capitaux qu'aucuns
capitaux ne peuvent égaler; aux meilleurs
ouvriers qu'on puisse trouver sur la terre;
à une masse de connoissances, à une in-

____

(1) Accise ou excise est un impôt sur la bierre, le cidre
& sur beaucoup d'autres matieres premieres; cet impôt
antérieur au regne de Charles II, lui fut accordé par acte
du parlement, en 1660, pendant la vie de ce prince, &
fut levé seulement sur l'Angleterre & la principauté de
Galles, il a été continué & augmenté par différens princes,
& s'est étendu à l'Ecosse. Il se leve aussi sur les soieries, les
toiles peintes, les fils d'or & d'argent, la vaisselle chez les
fabricans. N. du T. (Voy. *Chambers cyclopædia*.

telligence, à un esprit d'invention qu'on
ne voit point dans les autres contrées différemment gouvernées. Telles sont les
causes de notre supériorité ; seroit-il donc
étonnant qu'elles influassent autant sur
les fabriques de laine que sur toutes les
autres ? Et pourquoi les mêmes effets ne
suivent-ils pas les mêmes causes ? C'est
une question très-importante, qui pourra
la résoudre ? Le tems viendra inévitablement que cette difficulté sera aisément
éclaircie, & que l'on conviendra que cette
différence est simplement due au monopole exercé sur la matiere premiere. Si le
monopole n'en est pas la cause, qu'on dé-
termine celle à laquelle cette différence
est due ; car c'est un fait de la plus exacte
vérité, que nos fabriques de laine, quoique prosperes comparativement, sont,
en progrès, les dernieres du royaume. Il
est frivole de dire que tout est dû au
coton, parce qu'on se plaignoit tout autant avant qu'il fût très-en usage.

Il y a de fortes raisons pour supposer

comme très-poffible, que le monopole eft
la caufe du peu de progrès de nos manufactures de laine. Tout ce qui donne de
grands profits fans induftrie, fans mettre
dehors des capitaux, tend fortement à
réfroidir le génie de l'invention, & à re-
lâcher toute vigueur; c'eft un effet qui a
fa caufe dans le cœur humain, & qui
exiftera autant que les hommes; 60, 80
& 100 pour 100 de bénéfice fur la matiere
premiere au - deffus de toute fabrique
étrangere, donne un profit fi fur & fi
aifé, qu'il n'y a pas alors de néceffité de
faire de vigoureux efforts pour chercher
les moyens de lutter contre une concurrence active. Là ou il n'y a point de concurrence, il n'y a point d'invention; &
je penfe que les fabriques de Wiltshire &
de Norwich feroient tombées dans le mé-
pris, fi elles n'uffent pas, pour ainfi dire,
été greffées fur celle du Yorkshire, & fi
la concurrence intérieure n'eût pas eu des
conféquences heureufes pour cette manufacture elle-même. Je ne fais fi ce raifon-

nement est concluant ; mais je desire qu'on
en donne un meilleur d'un fait qu'on ne
peut révoquer en doute.

Rappelons-nous que seulement 50 pour
100 d'avantage sur la matiere premiere,
en estimant cette matiere premiere, à
un quart de l'étoffe, est au-dessus de 12
pour 100 sur l'ouvrage achevé. Une faveur si extraordinaire, continuée si longtems, & pour un si mauvais dessein, a
seule occasionné la décadence & les
plaintes. Si de telles faveurs sont nécessaires, que le public les paye sur l'exportation des manufactures ; mais il n'y a
point de justice que tout cela soit pris
sur les propriétaires des terres. On accorde
autant de faveur & d'avantages sur la
matiere premiere pour la consommation
intérieure où ils sont parfaitement inutiles, que pour l'exportation où ils sont
essentiels.

Dans toutes les autres manufactures
du royaume, de lourds impôts sont mis
& sur la matiere premiere & sur la main-

d'œuvre; mais ils ont le drawback, *droit
de retrait*; on accorde la même faveur à
l'exportation; ce qui montre clairement
que la législation ne voit pas qu'il résulte
de mauvaises conséquences de fournir la
consommation intérieure à un haut prix,
& d'encourager le commerce par une exportation à bas prix. Mais la laine fait
une exception à toutes les autres branches
du commerce national; la faveur est accordée, non à l'exportation qui seule en
a besoin, mais à la consommation intérieure; — & ces faveurs ne font pas prises,
comme dans toutes les autres occasions,
sur le revenu public, mais elles font ar-
rachées par la main du pouvoir, au seul
cultivateur. Y a-t-il une ombre de raison
que je fois taxé de 60 pour 100 sur ma
laine, pour qu'un duc & pair puisse vêtir
à bon marché ses insolens cliens, & par
ce moyen en attacher un plus grand
nombre à ses intérêts?

Le monopole de la matiere premiere
a été éprouvé pendant un siecle, & pen-

dant tout ce tems sans succès. La leçon est donnée, la politique qui le permettroit, condamnée, l'expérience suffisante. La conviction de ses mauvais effets excitant les plaintes de tout le royaume, engagera sans doute le parlement à y mettre fin ; & si les manufactures ont besoin d'encouragement, il leur en donnera par des faveurs sur l'exportation.

Mais ces fabricans sont tous bien convaincus que si l'on permettoit l'exportation de la laine, même avec un droit, ce seroit la ruine de leurs manufactures. — Cette assertion met une différence entre cette espece de manufactures & les autres.

Manchester peut importer du coton de France sous différentes charges (& les François, en permettant cette exportation, montrent qu'ils pensent bien différemment de nous à cet égard) Cette ville peut le manufacturer & le réexporter en France, où cette marchandise paye en débarquant un droit de 12 pour 100, &

peut , malgré cela , être vendue de 10 à
20 pour cent à meilleur marché que celles
des mêmes fabriques de France. Les rubans anglois faits à Coventry, des soies
de tous les pays , excepté d'Angleterre ,
sont vendues à meilleur compte dans les
marchés de France, que les rubans françois, & c'est à juste titre, comme je puis
le montrer par des rubans faits à Tours.
La quincaillerie angloise faite avec le fer
des parties les plus éloignées du globe,
& avec celui d'Angleterre, se vend à
meilleur marché que celle des manufactures de France, dans tous les articles
dans lesquels la bonté entre pour quelque
chose dans le prix. La poterie angloise,
malgré le droit qu'elle paye, est tellement
à meilleur marché que celle de France,
que la vente en est rapide & alarmante
pour les manufactures de porcelaine de
ce royaume. Tandis que les capitaux,
l'habileté & l'industrie des Anglois,
triomphent dans le travail des matieres
premieres, sur lesquelles il n'y a point de

rivalité ni de monopole, quel étonnant contraste ce seroit que l'inverse de toutes ces propositions fût vraie à l'égard des manufactures de laine, & que les François voulussent payer un droit excessif sur notre laine, & la travailler à la ruine de nos fabriques! Quand cette contradiction sera considérée dans toutes ses combinaisons, le lecteur impartial jugera lui-même si un monopole sur la matiere premiere, peut être regardé comme utile aux fabricans, & si les personnes qui raisonnent ainsi sur des faits aussi clairs, ne sont pas plus attachées au bien public & aux manufactures de laine, que ceux qui voudroient soutenir ce monopole.

SUR le rapport du Comité concernant la laine; par ARTHUR YOUNG.

SI j'avois la place nécessaire, je rapporterois mot à mot tout le rapport que j'ai lu avec un étonnement que je ne doute pas que tout le monde ne partage avec moi, quand on verra que les manufacturiers assurent la chambre des communes qu'ils possedent les preuves d'une énorme exportation clandestine ; & quand appelés pour donner leurs preuves.....

Mais le lecteur jugera lui-même, puisque j'extrairai chaque partie de ce témoignage qui prétend agir par des faits.

Quant à ces expressions : *je suis bien persuadé, je conçois, je ne doute pas*, & autres de cette nature, je regarde cela comme très-peu digne d'une réponse. Venons-en aux faits.

Un vaisseau qui faisoit voile de Beruham sur la côte d'Essex, fut conduit à Margate, & là condamné. Il avoit à bord trente-trois quintaux de laine ; il alloit de conserve avec sept autres, *tous chargés* de laine.

Mais lorsqu'on demanda *comment on savoit que ces vaisseaux étoient ainsi chargés*, cela se termina par un oui-dire.

Que devinrent ces vaisseaux à leur re-
tour dans le pays ?

Je n'en sais rien.

Ont-ils été perdus ou confisqués ?

Je n'en sais rien.

Avez-vous fait quelques recherches ?

Je n'en ai point fait.

Tel fut dans l'exposé du rapport, le respectable effort de ce témoin, le président de l'assemblée générale, pour démontrer que sept vaisseaux étoient *tous chargés* de laine, parce que trente-trois quintaux avoient été saisis. — C'est certainement un bon commencement ; la suite est également satisfaisante.

Jean Sharpe, commandant le paquebot, le prince William Henri, en station entre Falmouth & l'Amérique, — dépose qu'un de ses amis alla examiner les livres de la douane à Calais, & apprit qu'on avoit importé dans cette ville (1) trente

____

(1) 67200 liv. à 1 schelling 6 sous, c'est 110960 liv. tournois.

tonnes

tonnes en 1783, mais il ne dit pas si c'étoit de la laine angloise, quoiqu'on lui en ait fait expressément la demande.

Il ajoute qu'à Boulogne il a vu arriver deux ou trois vaisseaux en un jour, & qu'il *croit* qu'ils portoient chacun deux ou trois tonnes, & que, *selon les apparences*, il en est de même toute l'année. Ce rapport du témoin, à l'égard de Boulogne, n'a rien de précis ; si ce n'est que la laine est importée. De Dunkerque il n'a que des informations générales. Il dit au sujet de Dieppe, qu'un vaisseau y arriva chargé de laine ; que le fret étoit de 40 guinées. Mais il est évident que ce témoin ne parle que par ouï-dire, & qu'il ne tient cela, pour ainsi dire, que de la seconde main, puisque même l'année de cette correspondance de Dieppe, de Boulogne & de Dunkerque, n'est pas mentionnée. On ne voit autre chose, si ce n'est qu'il a vu débarquer de la laine à Boulogne ; mais il ne donne aucune preuve que ce soit de la laine angloise.

K

Le même témoin a vu 20 ou 30 moutons vivans débarqués à Boulogne; mais c'eſt toujours par ouï-dire qu'il aſſure qu'on en paſſe quatre ou cinq cens par an.

Le témoignage de Jean Cooper ne prouve autre choſe que quelques ſaiſies, même peu conſidérables, par exemple, 42 liv. 27 quintaux, 3 quarts, 4 liv. & 33 quintaux.

Charles Clapham de Leeds, parle d'une ſaiſie faite à Hull dans le mois de Mars, de 3 ou 4 quintaux. Mais le même témoin aſſure qu'il y a 20 vaiſſeaux employés entre Hull & la Suede, chacun deſquels fait cinq voyages tout les deux ans; he bien pourquoi? C'eſt pour enlever frauduleuſement chacun 5 ou 6 cent livres par voyage. Fort bien! Il y a un milieu; c'eſt 26500 livres; & où eſt la preuve? Mais...... le mayeur de Hull, M. Osbonne, lui a dit qu'il *croyoit que cela étoit vrai*. Mais ce témoin eſt très-prudent, car il n'inſiſte pas ſur les autres

rapports , parce qu'il ne penfe pas qu'ils
foient fuffifamment fondés pour être pré-
fentés au comité. C'eft fans doute pourquoi il regarde l'affertion du mayeur de
Hull dans un rapport , comme une forte
de preuve qui fonde ce rapport.

Enfuite paroît fur la fcene Jacob
Thomas Speidel , facteur de Blackwel.

Il étoit à Boulogne en 1786, il vit feize
vaiffeaux entrer dans le port. On lui dit
que c'étoient des fraudeurs de douane, &
qu'ils revenoient chargés de laine ; on lui
apprit auffi qu'ils avoient importé deux
ou trois cens moutons en 1786 & 1787.

Avez-vous vu ces moutons ?
Oui.
*Comment avez-vous fu que c'étoient des
moutons d'Angleterre ?*

Je les ai regardés avec une lorgnette,
à la diftance d'un mille. Thomas Barnes,
garde-laine , dit qu'il a connu des fraudes
dans le commerce de la laine.

Tel eft le rapport. Dans l'appendix on

voit un détail des quantités de laines saisies.

En 1784, ... 42262
1785, ... 13709
1786, ... 9981
1787, ... 9381

Il faut remarquer là dessus que ces saisies ont été faites au commencement de l'affaire de la laine, preuve de la grande quantité qui a dû en être exportée. Mais par un raisonnement semblable, c'est pour cela que l'exportation a considérablement diminué. Le témoignage de Jean Sharpe le déclare, & en assigne la cause aux poursuites qui avoient été commencées. Maintenant peut-il y avoir au monde un argument plus décisif contre la nécessité d'une nouvelle loi, que la diminution des infractions à une loi ancienne, par le peu d'attention que l'on donne à son exécution ?

Mais on peut appuyer sur ce fait un autre argument du plus grand poids. Les manufacturiers se plaignent, même comme le fait voir le rapport, du haut prix de la laine ; & nous savons tous que la grande augmentation s'est faite dans l'espace d'un an , & que la plus grande de toutes date de la derniere tonte. Les monopoleurs foutiennent que le haut prix de la laine eft dû à l'exportation ; mais ils apportent eux-mêmes des preuves du contraire & des preuves pofitives , autant qu'on peut eftimer l'exportation par les faifies ; fi donc l'augmentation de ce prix ne reconnoît pas cette caufe , à quoi doit - elle être attribuée , finon aux demandes qu'on fait de cette production ?

Je demande qu'il me foit permis d'oppofer à ce témoignage de M. Charles Clapham , fabricant de Leeds , le tableau fuivant de la manufacture du Yorkshire.

	Larges.		*Etroits.*	
Années	pieces	Aunes.	Pièces.	Aunes.
1779 —	110942	2570362 ½	93143	1994744 ¼
1780 —	94625	2102003	87309	1928494
1781 —	102018	2324345 ½	98743	2003547 ½
1782 —	112470	3343803	96743	1944583 ½
1783 —	131092	3422532 ½	108641	2469001 ½
1784 —	138023	3070751 ½	115500	2537486
1785 —	157275	3633641 ¼	116036	2556883 ½
1786 —	158792	3701230 ¼	123025	2652666 ¾
1787 —	155748	3638124	128740	3043542 ¼

Le correfpondant du Yorkshire , qui a

eu la complaisance de m'envoyer cette table, ajoute que la laine est considérablement augmentée, & que le commerce est actuellement très florissant, mais que les salaires font les mêmes que dans les premieres années. Il dit aussi qu'on fait des essais qui ne feront pas inutiles, pour filer la laine avec des moulins à eau, comme on le fait du coton. On a aussi le projet de faire le tissu des étoffes avec des machines.

Ce tableau fert de preuve que le commerce du Yorksire, depuis l'établissement de la manufacture, n'a jamais vu trois années semblables aux trois dernieres; elle a fait de très-rapides progrès. C'est cependant dans ce moment qu'on nous dit que l'exportation clandestine de la laine fait mourir de faim les pauvres, & à ce moment le prix de la laine n'excede pas le prix commun des cent dernieres années. Que ces hommes font sinceres, qui combinent ainsi les faits & les raisons!

N°. 2 présente la saisie de quelque laine filée de Cornwal.

Nos. 3 & 4 est une table de l'importation de la laine à Saint-Malo & au port
de Leguè (1), par laquelle il paroît qu'elle
y étoit venue de Jersey & de Guernesey.
En 1783 Saint-Malo, . 127578
    Leguè, ... 100494
        ————228072
  1784 Saint-Malo, . 109493
    Leguè, ... 132436
        ————241929
  1785 Saint-Malo, . 125608
    Leguè, ... 87627
        ————213235
  1786 Saint-Malo, . 123626
    Leguè, ... 67854
        ————191480

Et le n°. 5 donne l'importation à Granville & à quatre autres petits ports de
Normandie.

  1787 Principalement de ⎱
    Guernesey, de Jersey ⎬
    Alderney & d'An- ⎰ 201859
    gleterre.

———————————————

(1) Petit port de la province de Bretagne, situé près la
ville de Saint-Brieuc ; il tire son nom (Leguè) de celui d'une
petite riviere qui s'y jette. (Note du traducteur).

Dans le n°. 6 l'importation à
 Saint-Vallery.
En 1787, d'Angleterre. } 153571

J'obferverai fur ces détails dénués de preuves, que la plus grande exportation dont il y foit parlé, eft celle de 1787, qui fut de 355430 livres.

Tous les autres rapports font des ouï-dires, & ne font nullement applicables à des années particulieres. Les prix marqués, mais déclarés être fans autorité, & qui ne font point dans l'original, font tous depuis 1 fchelling 2 fous, jufqu'à 2 fchellings 2 fous par livre; la quantité ci-deffus à 1 fchelling 6 fous par livre, fait 26656 livres, (639744 liv. tournois) total des très-grandes importations dans les ports dont ces gens parlent. Sur ce fondement le préfident de l'affemblée déclare, page 7, que la quantité de laine exportée, eft de 10000 balles, & par une réflexion extraordinaire, il change à la p. 20, & déclare qu'elle eft de 13000 balles au moins ; c'eft-à-dire de 3120000 livres pefant ; ce qu'on appeloit des preuves pour 355430 livres , eft converti par fuppofition , en des preuves d'une importation de trois millions. Voilà un calcul bien exact & bien modéré.

Mais il y a plus , chacune de ces balles eft travaillée avec trois de celle de France, qui ne peut être fabriquée fans cela ; & voilà une perte de 2 millions fterlings. Quelle pitié qu'une fi belle fabrique ait tout ce qu'il faut pour la foutenir , excepté le fens commun !

(1) Valeur de l'import., 1783 — 22145
                      1784 — 18144
                      1785 — 15992
                      1786 — 14361
                      1787 — 26656

Telles font les quantités de laine que

---

(1) Nous tenons l'état fuivant d'une perfonne à portée d'être inftruite. Les manufactures de Picardie emploient annuellement

        3670000 livres de laine de France.
        500000 de Hollande.
        260000 d'Angleterre.
        100000 d'Allemagne.
        70000 d'Efpagne.

& la laine de Hollande coûte 10 pour 100 de plus que celle d'Angleterre. N. du T.

ces personnes s'efforcent de prouver qu'on importe en France , & qu'elles font difpofées à décupler. Mais il y a dans ce détail une circonftance que ces témoins arithméticiens ont tout-à-fait oubliée ; c'eft que par un acte du parlement , il eft permis d'exporter annuellement de cette contrée, à Guernefey , Jerfey & Alderney , 217600 livres de laine que ces infulaires , qui ont perdu leur bonneterie , font fuppofés vendre à la France. Cette quantité monte à plus de la moitié de celle qui entre de ces endroits en France. Mais d'ailleurs y a-t-il quelque loi qui empêche les habitans de ces îles d'aller acheter de la laine en Hollande ou à Hambourg , & de la porter en France ? Là on l'appelleroit laine de Jerfey ou de Guernefey , du port d'où viennent les vaiffeaux. Un tel commerce eft certainement poffible.

Mais mettons les chofes au pis, & fuppofons que c'eft de la laine d'Angleterre, je demande ce qu'il faut faire pour empêcher cette importation. Privera-t-on

ces îles de leur importation légale ? Ce
feroit cruel, car leurs manufactures peuvent un jour fe relever ; ou enchaînera-
t-on toute la Grande-Bretagne, par les
reftrictions, les amendes, les punitions
même du nouveau bill?

Pour cinq années, quantité moyenne,
l'importation en France eft de la valeur
de 19459 livres pefant ; celle de l'exportation légale de ces îles, au même prix,
eft de 16320 livres. L'importation en
France de la laine angloife, toute enre-
giftrée ici, eft donc prefqu'entierement
expliquée, & c'eft un moyen fûr de l'arrêter. Pourquoi ne pas chercher à employer cette mefure douce, plutôt que
ces voies nuifibles qu'on a propofées?
C'eft pour une raifon bien évidente ;
— l'exportation de cette quantité de laine
n'eft pas ce qui intéreffe. L'objet qu'on
a en vue, eft de rabaiffer le prix de la
laine dans l'intérieur du royaume ; &
la claufe du bill, un regiftre général,
par le moyen duquel on connoîtra ce
prix.

Mais ce rapport nous donne quelques informations ultérieures d'un grand poids. La personne envoyée en France par le président de l'assemblée concernant la laine, ajoute quelques observations qu'il obtint au retour de la douane. Entre plusieurs autres choses, il apprit à Saint-Malo, qu'il appelle le chef-lieu de l'importation des laines, que la dixieme partie de cette laine ne reste pas là, mais qu'elle est envoyée à Louviers, à Elbeuf, à Sedan, à Vienne, &c., & qu'elle paye différens droits dans chaque province par où elle passe : c'est une observation très-curieuse ; je ne sais si elle répond à l'intention de ceux qui la font valoir, mais je montrerai dans un moment qu'elle répond parfaitement à la mienne : elle est une preuve complette & décisive que l'importation à Dunkerque, à Calais, à Dieppe & au Havre, n'est rien, ou au moins, peu de chose ; car si le lecteur examine la carte, il verra qu'Elbeuf & Louviers sont sur la Seine, près de Rouen, & que Sedan est à plus de soixante-six lieues au-delà sur les frontieres de l'Allemagne ; que Saint-Malo est en Bretagne, éloigné de près de soixante-six lieues (de 2500 toises) par terre d'Elbeuf & de Louviers, & à la distance de près de cent soixante-cinq lieues de Sedan. N'est-il pas incroyable que Saint-Malo fût le port où l'on iroit chercher, pour les lieux de consommation, cette laine chargée comme elle l'est par différens droits dans le transport, s'il étoit possible de s'en procurer à Dieppe, à Dunkerque, à Boulogne & au Havre ? — La réponse est claire & évidente. — C'est à Jersey ou Guernesey seuls qu'on prend cette laine, & ces insulaires ne la portent qu'aux ports qu'ils fréquentent. Le rapport donne une importation à Saint-Vallery, elle est peu de chose. On en reçoit sans doute une petite quantité à Dunkerque & à Boulogne ; mais si l'on pouvoit augmenter cette quantité à un degré considérable, iroit-on à Saint-Malo pour en chercher ? Quand j'aurois été moi-même à Saint-Malo prendre des informations contre le bill des laines , je n'aurois pu rien avoir de plus clair & de plus certain ; ce fait prouve combien est petite la quantité de laine qu'on transporte dans les ports voisins de ces villes manufacturieres ; & à l'égard des autres villes , nous avons encore l'autorité de ce rapport. « Pour ce qui est de ce qu'on » importe à Cherbourg & aux parties » orientales des côtes de Normandie, ce » n'est pas un objet de grande consé- » quence » ; ce qui seroit certainement , si l'exportation immédiate d'Angleterre pour quelques parties de la France, étoit considérable.

Tels sont les faits qui engagent le président à penser , à croire & même à assurer que l'exportation s'éleve au-dessus de trois millions de livres.

J'ai bien du plaisir à trouver que le témoin a donné lieu à de telles assertions. Il reste à savoir si les communes d'Angleterre ont autant de confiance.

A. Young.

INSTRUCTION donnée au conseil, contre le bill des laines, par le chevalier BAUKS, P. S. R.

LES manufactures de laines avoient fleuri en Angleterre pendant plusieurs siecles, & dans tout ce tems il n'avoit pas été question de l'exportation ni générale ni limitée de la matiere premiere; le cultivateur recevoit pour sa part un prix beaucoup au-dessus de celui qu'on a donné depuis, lorsqu'on imagina que l'Angleterre seule pouvoit fournir la laine, & que les autres nations seroient obligées, si on les empêchoit d'en tirer de l'Angleterre, d'acheter tous leurs draps dans ce royaume.

Ce raisonnement étoit spécieux, car l'Angleterre fournissoit alors de cette matiere la plus grande partie de l'Europe; mais l'expérience en démontra bientôt toute la fausseté. Les pâturages de cette île, qui souffrent moins des froids de l'hiver & des chaleurs de l'été, que ceux des royaumes situés au nord & au sud, pouvoient produire de la laine à meilleur marché que les autres, & elle auroit toujours pu continuer de la leur fournir ; mais la nature ne lui avoit pas donné un privilege exclusif. Toutes les contrées voisines se mirent bientôt en état de fournir une laine aussi bonne que celle de cette île, quoiqu'avec de plus grandes dépenses ; l'Angleterre, en défendant l'exportation de la laine, les mit dans la nécessité de faire des essais qui réussirent généralement (1). Trompé par cette sup-

----

(1) ÉTAT COMPARATIF DES LAINES.

Pour draperie.

Montagnes d'Espagne, Les plus hautes parties du Portugal, Le Roussillon, les parties de la France qui en sont voisines, & la Gascogne,	Hereford & Shropshire.
Le Languedoc & les autres parties du midi de la France, Quelques parties de l'Italie, La Barbarie, Quelques parties du levant,	Norfolck, la forêt de Sherwood, parties de Devonshire & de Dorsetshire, partie de Galles & de l'Ecosse, &c.

position,

pofition, le parlement accorda cependant en 1662, le privilege excluſif de la laine d'Angleterre aux manufacturiers de ce royaume, qui aſſurerent le parlement que l'augmentation de leur commerce, qui réſulteroit néceſſairement de telles meſures, les mettroit bientôt en état de

Les parties baſſes de l'Eſpagne & celles du Portugal, La plus grande partie de l'Italie, de la France, du levant, Quelques lieux de l'Allemagne, La plus grande partie de la Flandre & de la Hollande,	Wiltsh, Middleſex, Hants, &c. parties de l'Ecoſſe & de Galles.
La plus grande partie de l'Allemagne, du Danemarck, de la Suede & de la Ruſſie.	Northumberland, parties d'Ecoſſe & de Galles.

Pour le peignage.

La Flandre, entre Lille & Ipres.	Les îles Weſtern, Romney Marsh, ou marais de Romney.
Eiderſtedt, les marais du Holſtein, le nord de la France & la Hollande.	Lincolnshire, Northamptonshire, Cambridgeſhire, Norfolk, parties du Bedfordshire & du Derbishire, partie du Glouceſterſhire, partie de Durham, &c.

L

relever promptement le prix des laines ; elles fe vendoient alors environ 2 livres fterlings les 28 livres (1), & fi nous confidérons que l'argent eft diminué de deux fois & demie de fa valeur, nous aurons 5 livres fterlings, les 28 liv. angloifes, (ou $26 + \frac{12}{100}$ de France) prix auquel la laine ne s'eft pas élevée depuis ce tems ; au contraire, il a régulierement tombé, tandis que celui des autres productions de la terre a été de pair avec la diminution des métaux. La groffe laine vaut communément une livre fterling environ ; la belle vaut d'une livre 5 fchellings à une livre 10 fchellings ; & la fuperfine qui vient dans Hereford & Shropshires, eft à 3 livres fterlings les 28 livres.

D'après le témoignage donné par les manufacturiers au comité établi au mois de Mars 1788, pour l'examen des loix fur la laine, il paroît que la laine peignée eft vendue en France le double du prix

____

(1) Smith, page 508.

qu'on l'achete en Angleterre, & nous
apprenons d'un autre côté, que toutes
les especes de laine sont plus cheres dans
ce royaume qu'ici ; on ne peut douter,
d'après cela, que cette différence dans
les prix ne soit due, en plus grande partie,
au monopole, si contraire à la bonne
politique.

Immédiatement après que l'acte fut
passé, les prix commencerent à tomber,
& deux ans après, les manufacturiers
voulant prévenir les plaintes qu'ils s'at-
tendoient bien qu'on feroit sur cet objet,
déclarerent que nonobstant les peines
graves portées par les nouvelles loix, on
exportoit toujours en grande quantité la
laine dans le continent, & que cette
exportation illégale étoit la seule cause
qui empêchoit le projet qu'ils avoient
formé d'augmenter le prix de la laine,
d'avoir tout son effet.

Quoique cette assertion fût probablement sans fondement, elle étoit si bien
adaptée aux circonstances des tems, que

le parlement la crut très-réelle, & paſſa sur le champ une loi par laquelle tous ceux qui exporteroient de la laine, étoient déclarés coupables de félonie. Mais une trop grand sévérité dans les punitions a toujours rendu vaines les loix qui les infligent, & il ne paroît pas qu'aucune perſonne ait jamais été convaincue, ni même accuſée devant cette loi. Elle fut bientôt après révoquée quant à la peine de félonie, & l'on ne fit plus, depuis ce tems, d'efforts pour établir une peine ſi ſévere juſqu'en 1786, que des gens qui en appellent aujourd'hui à la chambre des communes, l'ont introduite dans un bill qui fut lu & imprimé, mais on l'a depuis abandonnée.

De tems en tems on a fait de ſemblables plaintes, & quoiqu'il paroiſſe qu'on n'ait jamais apporté aucune preuve pour les appuyer, on ne les a pas moins cru fondées; on a fait des reſtrictions de plus en plus ſéveres; le fantôme du monopole ſur le reſte de l'Europe étoit toujours devant les yeux des membres du parlement, & pour le faisir ils augmentoient toujours les prohibitions qui tournoient contre eux mêmes & sous l'oppression desquelles leurs descendans gémissent aujourd'hui.

Dans toutes ces plaintes on a exagéré à un degré incroyable, la quantité de laine que produit l'Angleterre, autrement on n'auroit pas pu croire que les étrangers en travailloient autant que les manufacturiers le disoient, & qu'ils assuroient être le produit de cette île. En 1740 on publia un pamphlet dans lequel on assuroit que la laine d'Angleterre se montoit à un million de balles de 244 l. (ou 212 de France) & qu'on en exportoit en fraude 500000 annuellement (1), & cette assertion extraordinaire ne paroît pas avoir rencontré la moindre contra-

____

(1) Comme dix poches de laine pesent un tonneau, & qu'elles occupent dans un vaisseau, par leur volume, la place de deux tonneaux, le transport de cette quantité doit avoir employé cent mille tonneaux.

L iij

diction. Les manufacturiers l'avoient
avancée ; on la crut, mais, malgré l'augmentation des troupeaux qui doit être la
conféquence des améliorations faites de
nos jours dans la culture, les manufacturiers d'aujourd'hui n'ont pas hafardé de
porter, dans leur rapport, le produit de
la laine à plus de fix cent mille poches, à
244 liv. angloifes, égal 146400000 liv. &
fuppofant que chaque mouton donne,
poids moyen, 5 livres de laine, fait un
nombre de 29280000 fur l'île ; & comme
chaque mouton ne doit vivre que trois
ans, on a un mouton & environ $\frac{1}{5}$ pour
chaque perfonne par an.

Comme il a toujours été évident que,
malgré qu'on regardoit comme prouvé
que l'Angleterre feule poffédoit des laines,
les autres nations fabriquoient leurs draps
avec celles de leurs moutons, & qu'ils
rivalifoient nos fabricans dans les marchés étrangers, à un degré dont l'exportation fuppofée des cinq cent mille poches
ne pouvoit rendre raifon, on imagina

sans doute que la laine angloise avoit la propriété merveilleuse, je dirois presque miraculeuse, étant mêlée avec partie égale & même plus grande de laine étrangere, de convertir le mélange en une marchandise assez bonne, pour rivaliser & même pour être à meilleur marché que les draps anglois, quoique faits entierement de laine angloise.

Comme cette doctrine, qui n'a rien de semblable dans les annales de la crédulité humaine, est encore en partie l'opinion de quelques hommes de mérite dans les deux chambres du parlement, il peut être avantageux d'y opposer cette raison : la laine angloise, à cause des risques de la fraude, est vendue en France à 100 pour 100 au-dessus de son prix en Angleterre, & la laine françoise peut être portée en Angleterre, puisqu'elle ne paye pas de droits, à un profit modéré, c'est-à-dire 10 pour cent ; les Anglois peuvent donc, quand ils veulent, se procurer le même mélange de parties égales des deux

laines que les François emploient, &
faire à meilleur marché qu'eux des marchandifes pour les mêmes endroits. Mais
cet avantage n'a jamais été faifi par les
Anglois (1). On peut donc raifonnable-
ment fuppofer que cette pratique n'a pas
lieu, & même que l'idée en eft abfurde.

Au commencement de la controverfe
actuelle avec les manufacturiers, la doctrine des mélanges a été très-agitée, &
particulierement abandonnée par le préfident dont la candeur méritoit & obtint toute confiance ; mais dans l'examen
de fon opinion, il fut charmé, en ren-
dant témoignage au comité, de reprendre
cette doctrine, qui, fort éloignée cependant de la vérité, eft très-convenable à
un parti qui entreprend de prouver que
les fabriques de la Grande-Bretagne fouffrent de l'exportation illégale des laines,
& ne peut, malgré cela, établir la perte

____

(1) La laine angloife doit toujours être à meilleur marché
pour les Anglois qu'aucun mélange des laines angloifes &
françoifes, auffi il ne paroît pas qu'on ait jamais importé
dans cette île aucune toifon de laine françoife.

que cette exportation occasionne, qu'à
une six cent millieme partie de la totalité.

Il dit avoir appris par quelques membres
du comité mieux informés depuis l'impression de son livre, que la laine angloise
étoit absolument nécessaire pour la fabrication de quelques étoffes légeres; qu'on
la mêloit à la chaîne, qui ne pouvoit
pas être faite sans elle, & que cette laine
faisoit la quatrieme partie, environ, de
celle qu'on employoit dans la piece.

Ce témoignage, lorsqu'on le considere,
ne prouve autre chose, si ce n'est que les
François mêlent de la laine angloise avec
celle dont ils font la chaîne des étoffes
légeres de quelques fabriques, & qu'ils
n'en mêlent point avec la laine courte,
vérité triste qui est connue, mais dont
on ne voit pas la nécessité; car les François font les mêmes especes de marchandises sans la moindre portion de laine
angloise : mais lorsqu'ils en font usage ,
parce qu'ils la trouvent plus forte que la
leur, ils l'emploient , non dans la partie
la plus belle , mais la plus grosse des

étoffes qu'ils fabriquent. On peut aisément assurer que les manufacturiers n'é-
toient pas assez ignorans pour croire,
comme ils l'assuroient, que la laine illé-
galement exportée, se montoit à 50000 l.
les cinq-sixiemes de ce que nous trouvons
en comptant grandement, & qu'elle étoit
toute du cru de cette île ; mais ceux auxquels ils s'adressoient, étoient toujours
si satisfaits que, hors un petit nombre
d'exceptions, ils accordoient régulierement les nouvelles restrictions qu'on leur
demandoit, & l'expérience prouva, sans
qu'on l'eût prévu, que chaque nouvelle
oppression sur les cultivateurs, faisoit
baisser uniformement le prix de la laine ;
plus on demandoit de réglemens, plus
on en obtenoit ; & plus la laine dimi-
nuoit de prix, tandis que tous les autres
produits de la terre augmentoient avec le
taux de l'argent, sans que cela fût remarqué de la législation, à qui cependant
cela importoit infiniment. Enfin la guerre
d'Amérique joignit ses effets à ceux des
autres causes, & la laine peignée qui, peu

de tems avant, avoit été vendue plus
d'une guinée les 28 livres, defcendit à
9 fchellings & même à 8 fchellings 6 f.
les 28 livres : c'étoit un bon tems pour
les acheteurs ; telles furent les premieres
années d'après la paix. Car malgré qu'après
la conclufion de la paix l'exportation des
laines commençât foudainement à augmenter, parce que les marchés étoient
très-furchargés de marchandifes, & les
produits annuels, fuite des améliorations
que la guerre même n'avoit pas arrêtées,
étoient beaucoup augmentés, le prix de
la laine s'éleva très-rapidement jufqu'en
1786, alors, par des caufes encore peu
connues, l'importation de la laine filée
d'Irlande, laine dont les manufacturiers
de Norwich emploioient une grande quantité au détriment descultivateurs Anglois,
tomba tout d'un coup de 18461 quintaux
à 8173, laiffant ainfi dans les marchés
d'Angleterre, un déficit de la meilleure
laine peignée, égal à fix mille quatre
cent trente poches. Cette différence,

quelque peu confidérable qu'elle paroiffe,
fut bientôt fentie, & le prix de la laine
s'éleva graduellement ; mais il avoit à
peine atteint 16 fchellings, les 28 livres,
que les manufacturiers du nord de l'Angleterre , oubliant qu'ils avoient coutume
de la payer plus d'une guinée, convinrent
de fe joindre à ceux du fud, dont le deffein étoit très-différent , pour s'écrier
contre la fraude , dans l'intention d'obtenir de nouvelles reftrictions , & arrêter
au moins l'augmentation du prix de la
laine, s'ils ne pouvoient, par ce moyen ,
faire baiffer le prix actuel que le cultivateur avoit obtenu. Les manufacturiers du
fud avoient déjà commencé leurs opérations à Exeter, dès le premier Mars , en
déterminant , que les propriétaires de
laines de toute l'Angleterre , feroient
obligés d'enregiftrer leur laine dans dix
jours après la tonte , & de n'en pas emporter fans un certificat ; que le regiftre
ainfi tenu, feroit imprimé tous les ans ,
fans doute pour que l'acheteur de laine

pût facilement en connoître la quantité, & par ce moyen en régler le prix.

Les manufacturiers comprirent bientôt cependant qu'ils trouveroient une vigoureuse opposition à l'entreprise qu'ils avoient formée de mettre ainsi sous la loi de l'excise toute la laine d'Angleterre ; c'est pourquoi bientôt après leur union, ils convinrent de limiter leur opération à une certaine distance de la mer, distance indéterminée dans leur bill ; mais, dans une conversation, ils la fixerent à 15 milles : on dit aussi que dans le cas où cette proposition passeroit tranquillement dans le comité, ils étoient prêts à proposer de l'étendre, cette distance, jusqu'à quelques canaux ou rivieres navigables. Ainsi ils se croyoient assez adroits pour engager toute l'Angleterre à consentir à leur plan oppressif. Je suis très-persuadé qu'ils n'avoient pas trouvé dans les registres de leurs prédécesseurs des exemples suffisans pour leur faire espérer du succès.

Ce bill favorable à tous égards aux

manufacturiers, aboliſſant même en leur faveur quelques-unes des loix les plus efficaces contre l'exportation frauduleuſe, & accumulant à un degré preſqu'incroyable, les entraves du cultivateur, fut propoſé à la chambre des communes en 1786 ; il y fut lu, & l'on ordonna de le faire imprimer, mais les propriétaires ſe défendirent ſi bien dans différens écrits, ils démontrerent ſi clairement que les réglemens propoſés ne tendoient qu'à l'oppreſſion, que ce bill fut enfin abandonné après la ſeſſion où il avoit paſſé, & qu'on ne fit plus de motion pour une nouvelle lecture.

Il ne faut pas oublier que la conduite honnête de M. Pitt contribua puiſſamment à faire rejeter ce bill. Il dit à ceux qui l'avoient fait, que pluſieurs des réglemens qu'il contenoit, étoient inadmiſſibles. Nous apprenons par le rapport que le comité des manufacturiers en fit à leurs commettans, que ce miniſtre, au lieu de les recevoir comme un corps qui

pouvoit par son influence lui être très-utile,
tint avec eux la conduite qu'on doit toujours tenir envers ceux qui proposent de
nouveaux réglemens sur les choses pu-
bliques, ils ne purent en aucune maniere
l'engager à leur promettre sa voix ; & il
leur dit qu'il fonderoit son opinion sur
les raisons discutées dans la chambre.
Jusqu'ici les manufacturiers ont avancé
tout ce qu'ils ont cru convenable au sujet
de la fraude, & la nation qui l'a constamment regardée comme quelque chose
qu'on pouvoit connoître, mais qu'on ne
pouvoit prouver, a conséquemment reçu
des assertions au lieu de preuves. Aujour-
d'hui cependant pour la premiere fois,
les manufacturiers présentent des preuves,
& en nous montrant ainsi ce qu'ils savent,
ils nous donnent lieu d'être surpris du
peu de valeur de ces mêmes preuves.
Observation qui nous satisfait entierement.

Les manufacturiers ont exagéré autant
qu'ils l'ont pu, la quantité de laine ex-

portée, & l'ont fait monter beaucoup au-dessus de la vérité, comme il est prouvé par des témoignages obtenus par différentes voies ; mais le montant de l'exportation qu'ils ont réellement calculée, est si petit, que c'est une question de savoir s'il ne vaut pas mieux admettre leur propre rapport, que d'établir le vrai total de l'exportation, qui est moins croyable, par cela même qu'il est très-petit.

En admettant toutes leurs preuves, il paroît qu'en 1787 on porta dans les ports situés vis-à-vis Jersey & Guernsey deux mille deux cent soixante-dix-huit poches, dans une quantité indéterminée pour chacun d'eux, mais qui ne paroît pas excéder à Boulogne sept cent vingt-deux poches. Le reste de la France n'a jamais été supposé en recevoir une quantité considérable : ainsi, dire que treize mille poches sont annuellement exportées, doit paroître & est réellement une assertion purement gratuite, car les personnes

qui

qui l'avancent, n'alleguent aucune preuve
de leur opinion.

Convenons donc de trois mille poches,
comme les manufacturiers l'ont calculé,
il paroît, d'après leur propre rapport, que
les deux tiers de cette quantité sont
portés en France de l'île (1) de Guernsey,
& on fournit à ces îles annuellement,
sous l'autorité de la loi, huit cent poches
de laine de ce royaume; n'est-il pas probable, puisque leur manufacture de bas
est beaucoup diminuée depuis quelques
années, qu'ils envoyent au-dehors une
partie de cette laine ou la totalité? Il est
même croyable qu'ils en envoient plus
qu'on ne leur en accorde, car il n'y a pas
de moyen plus facile de frauder la laine,
que d'embarquer sous un faux état une
plus grande quantité qu'il n'en est accordé, surtout dans le port de Sout-

____

(1) Le témoin amené à la barre de la chambre par M. Du-
maresq, a totalement abandonné, depuis que ceci est
écrit, l'opinion que toute la laine d'Angleterre est enlevée
par l'île de Jersey.

M

hampton, où l'on ne met pas autant d'exactitude qu'ailleurs à examiner la quantité de laine; & deux mille deux cent poches ne peuvent être regardées que comme une quantité beaucoup trop petite pour faire la moindre senfation, foit au détriment de nos manufactures, foit à l'avantage de celles de France. Ce rapport cadre bien avec le montant réel des faifies qui en 1786 alloit à trente-une poches, & en 1787 à trente-neuf, qui est plus en proportion avec le rifque de frauder deux mille deux cent poches que treize mille.

Peut-on penfer que pour une fi petite quantité, les manufacturiers augmente-roient les entraves des cultivateurs, les expoferoient à tous les maux qui fuivent des jugemens précipités, & les harcele-roient avec une nouvelle armée de déla-teurs encouragés par un furcroit de paye accordé à leur infame métier? Non; ils doivent avoir, & ils ont certainement de toute autres raifons, ou ils n'auroient pas fait tant de dépenses, ni pris tant de peine pour faire passer le bill.

En outre, si la deux cent millieme partie de cette contrebande seulement échappe à la vigilance des loix, le minis-tere voudra-t-il les changer? Ne dira-t-il pas plutôt qu'elles ont l'effet qu'on en doit attendre, & que le changement pourroit bien être pire? Il est évident qu'aucun changement n'est nécessaire dans les loix sur les laines, mais en fût-il besoin, est-ce aux manufacturiers à de-venir législateurs? Ils connoissent bien sans doute la fabrique des draps, mais peut-on les supposer également instruits dans la constitution de l'Angleterre? Peuvent-ils juger si les moyens qu'ils veulent employer sont d'accord avec la liberté d'action dont tout Anglois est en droit de jouir? Non certainement; & s'il est besoin d'un bill, le ministere, & non les manufacturiers, doit le présenter; ceux-ci peuvent se plaindre, mais le pre-mier peut seul juger si le moyen qu'il cherche n'eſt pas trop oppreſſif pour les citoyens ſoumis aux reſtrictions. Il eſt vraiment curieux de rechercher pour-quoi la laine, ſur laquelle on gagne 100 pour 100, n'eſt pas une marchandiſe plus généralement enlevée frauduleuſe-ment ; mais ſi, au riſque d'être découvert en transgreſſant les loix les plus *travaillées* & les plus cruelles de ce royaume, on joint la difficulté que préſente le volume de la laine, on ceſſera d'être étonné, ou plutôt on le ſera qu'on ait pu croire qu'il ſe fait une exportation de cinq cent mille poches de cette marchandiſe qui, par la place qu'elle occupe, employeroit cent mille tonneaux pour la transporter. Dix-huit tonneaux dans un vaiſſeau de ſoi-xante - dix, eſt la plus grande quantité qui paroiſſe, d'après le rapport des ma-nufacturiers, avoir jamais été débarquée à la fois ſur le continent ; & quoique les barques de Jerſey & de Guernſey, d'où le trajet eſt ſi court, ſe haſardent d'en prendre la moitié de leur charge, celles d'Angleterre ne peuvent rifquer d'en prendre plus du tiers.

La différence du prix fur un tonneau de cette volumineufe marchandife, eft de 80 livres, fur quoi il faut déduire les falaires extravagans des gens employés à ce commerce & d'autres dépenfes; on ne s'étonnera pas que la quincaillerie & d'autres chofes qui entraînent peu de dangers, & dont le peu de volume ajoute à la valeur, foient préférées pour être exportées frauduleufement.

Quoique la quantité de laine exportée en France, foit fort petite, elle eft cependant exagérée; ce qui paroît par les renfeignemens pris des regiftres du bureau de la balance du commerce, office en France qui reffemble à celui de notre infpecteur général de la douane. Toutes les importations & les exportations du royaume font régulierement enregiftrées dans ce bureau, & comparées, pour examiner d'année en année l'état de la profpérité du commerce.

On voit par ces regiſtres,

Qu'en 1782 on reçut   954 poches de laine.
en 1783   1175
en 1784   1018
en 1785   1160
en 1786   1202
en 1787   480

La diminution de cette derniere année, attribuée au traité de commerce, a eu lieu principalement à Boulogne, & il eſt probable que l'effet du traité a été plus immédiatement de diminuer le nombre des fraudeurs qui croiſent dans la partie la plus étroite de la Manche, que celui de ceux qui appartiennent à la partie de l'oueſt.

Il n'eſt pas probable qu'il ſe trouve quelqu'un, dût-il ſa place dans le parlement, aux fabricans de laine, qui oſe aſſurer qu'une auſſi petite quantité de laine ſoit de quelque importance, pour occaſionner quelque perte aux manufactures d'Angleterre, ou du bénéfice à celles de France.

On ne peut douter que la laine ne fut originairement la plus grande source des richesses de cette île, qu'elle rendit la couronne à la reine Philippe, & qu'elle mit nos ancêtres en état de porter leurs armes victorieuses dans le sein de la France ; mais c'étoit alors un objet d'exportation, & elle rapportoit un revenu que nous avons peine à concevoir. Nous apprenons par les actes de Rymer que dans l'année 1342 un sac de laine contenant 364 livres, valoit 8 livres. Mais comme la quantité d'argent contenu dans une somme donnée, étoit trois fois plus grande qu'à présent, & que pour une quantité également donnée d'argent, on pourroit avoir au moins quatre fois autant des choses nécessaires à la vie que dans ce tems (1), on trouvera ainsi la valeur réelle ; multipliez 8 la valeur nominale

____

(1) Dans la préface du livre Garderobe, publié dernierement par la société des antiquaires, cette quantité est estimée à quatre fois autant.

M iv

par 3 la quantité d'argent , & vous aurez
24 ; multipliez ce produit par 4, qui ex-
prime la proportion de l'argent avec les
denrées, aujourd'hui, & vous aurez 96 l.
sterlings pour la valeur d'un sac de laine
de 364 livres ; c'est à 8 livres sterlings le
poids de 28 livres ; & l'on nous dit aujourd'hui que si l'on vend seulement ce
poids de 28 livres à une livre sterling, ce
prix est ruineux pour les manufactures.
Que l'on considere seulement un instant
cette circonstance, & qu'on décide si
nous ne sommes pas sous les loix des
manufacturiers, qui ayant obtenu un
privilége exclusif, déclarent que les manufactures ne peuvent exister sans lui ; &
quoiqu'il ait beaucoup réduit la valeur
des laines , les fabricans l'ont étendue
d'une maniere alarmante.

Nous avions alors des manufactures
qui florissoient, quoique sans le secours
du monopole, & malgré cela nous four-
nissions de laine toute l'Europe. Les manufactures resterent dans un état de pros-

périté conſtante plus de trois cens ans ;
& nous pourrions toujours continuer de
fournir l'Europe de nos laines , au grand
avantage des propriétaires de terres. L'Angleterre réunit pluſieurs avantages favorables à la *culture* de la laine , ſon climat
la rend propre à la fournir à meilleur
marché qu'aucune autre partie du monde,
& elle pourroit en donner une plus grande
quantité qu'elle ne le fait , ſans nuire à
ſon agriculture , ſi cette marchandiſe y
étoit vendue à un prix convenable.
L'abondance des moutons aſſure à un
pays une grande quantité de culture. La
meilleure maniere de préparer la terre
eſt de labourer & de laiſſer repoſer enſuite, & dans cette maniere de cultiver,
il paroît que le fumier d'un mouton de
moyenne grandeur, eſt eſtimé, comme
engrais du blé, à 3 ſchellings par an , ce
qui eſt une portion aſſez conſidérable
du revenu annuel que cet animal rap-
porte à ſon propriétaire. Les étrangers
admirent le gazon d'Angleterre, & con-

viennent que nul autre climat ne jouit
d'une semblable verdure, & c'est un pâturage toujours égal. Cela & l'absence
des loups qui par leur voracité levent une
taxe réguliere sur les troupeaux de nos
voisins, nous donnent un si grand avantage à l'égard du prix auquel nous pouvons fournir la laine, qu'il ne seroit pas
impossible que nous tirassions plus de
profit de l'exportation de la matiere premiere, à moins que cela ne fît trop de
tort aux manufactures, que nous n'en
faisons par celle des laines fabriquées.
Mais la fabrique est une source de population aussi bien que de revenu, & comme
telle, elle mérite de recevoir toujours
des encouragemens. Les manufacturiers
voudroient nous persuader que la laine
est la marchandise d'étape (1) de l'Angleterre ; il est vrai qu'elle l'a été, &

---

(1) Étape, magasin. La laine est, selon les manufacturiers, la marchandise de fonds de l'Angleterre. On enten-
doit autrefois en Angleterre par marchandise d'étape,
staple goods, la laine, le cuir, l'étain, le plomb.

même la feule autrefois ; mais il n'en eft pas de même aujourd'hui. La quincaillerie, le fer, la verrerie, la poterie, le coton, &c. emploient beaucoup de monde, & font très-utiles à l'état au lieu de lui être à charge. Les manufactures de laine au contraire *vieillies* & affoiblies, rivalifées par les étrangers qui apportent à Londres des draps prefque égaux, fi non tout-à-fait égaux aux meilleurs qu'on y fait, languiffent fous leurs derniers efforts ; & quoiqu'on les ait favorifées, au point qu'elles ont la matiere premiere à 50 pour 100 de moins que leurs rivales n'ont les leurs, elles follicitent de nouvelles reftrictions, pour augmenter les entraves des propriétaires, dans l'efpoir de rendre la laine encore à meilleur marché.

Il peut être utile de calculer le total de la fomme que les propriétaires perdent annuellement par la différence du prix de leur laine avec celui des marchés du refte de l'Europe ; & quoique les matériaux de ce calcul ne foient pas parfaits, il est hors de doute qu'ils ne soient propres à le déterminer dans des limites assez près de la vérité pour servir de fondement aux preuves dont nous avons besoin.

Toutes les laines sont plus cheres en France qu'en Angleterre, & les laines peignées sont deux fois aussi cheres; cette derniere assertion est prouvée par le témoignage des fabricans eux-mêmes. Le reste est recueilli de l'unanimité des témoignages de tous ceux qui ont fait des recherches exactes sur ce sujet, & qui en ont présenté les résultats.

Le produit de l'île est estimé 600000 poches, & la division de cette quantité en especes, ne paroîtra pas loin de la vérité.

Belle laine pour draperies, 100000 poch.
Grosse dito, ... 300000
Peignée dito, ... 100000

La belle laine pour draperies peut être estimée, en mettant la superfine qui vient d'Hereford & de Shropshires avec

la fine de Suffex & du Norfolk, &c. à
environ 16 livres fterlings la poche, ce
qui fait en total 160000 livres. Ces laines
fouffrent la plus petite *dépréciation*, & je
les eftime à 10 pour 100 au-deffous de
celles de France. Les groffes laines pour
draperies viennent après, font en plus
grande quantité, & peuvent être, je
penfe, eftimées aller à 300000, celles-ci
fouffrent une *dépréciation* confidérable,
de 50 pour 100, au moins. Viennent
enfuite les laines peignées, dont le total
peut aller à 200000 poches, ce qui ne
paroîtra pas exagéré, fi l'on confidere
l'étendue du pays qui la produit maintenant, en conféquence des améliorations faites dans l'agriculture. Ce font
ces laines qui fupportent la plus grande
dépréciation, tout le monde convient
qu'elle n'eft pas moindre que 100 pour
100. Cependant il paroît, d'après quelques informations particulieres, qu'on a
plufieurs exemples qu'elle a été vendue
plus de la moitié moins que celles de

France. Mais comme on n'a pas l'intention de rien exagérer dans ce calcul, & qu'on veut au contraire se tenir dans les bornes de la plus exacte modération, on prendra seulement 100 pour 100 comme terme.

Ces laines seront donc ainsi estimées :

Belles laines 100000 poches, à 16 livres sterlings = 1600000, & la *dépréciation* à 10 pour 100 = 600000 liv. sterl.
Grosses laines, 300000 poches, à 8 liv. sterl. = 2400000, & la *dépréciation* à 50 pour 100, = 1200000 liv. sterl.
Laine peignée, 200000 poches, à 8 liv. sterl. = 1600000, & la *dépréciation* à 100 pour 100 = 1600000.

Total de la laine, 600000 poches. — Total du prix, 5200000. — Total de la *dépréciation*, 3400000 livres.

Ainsi il paroît que la diminution du prix de la laine supportée aujourd'hui par les propriétaires, est de 3400000 livres, somme énorme prise sur eux pour favo-

rifer les manufactures dont toute l'exportation ne s'eft pas montée à plus de
3687795 livres fterlings en total. Mais
les vendeurs feuls peuvent dire à combien s'élevent les profits qu'ils font dans
le royaume. Il faut cependant convenir,
que fi avec une fi grande faveur accordée
pour les foutenir, les manufacturiers ne
peuvent porter plus haut leur exportation, ils ne doivent pas efpérer d'acquérir
l'eftime dont ils voudroient perfuader à
la nation qu'ils font dignes.

La conféquence de cette *dépréciation*
de nos laines peignées, a été une diminution alarmante dans leur beauté, en
quoi les Anglois avoient coutume de fur-
paffer toutes les autres nations, même
de nos jours ; car puifqu'on ne peut pas
obtenir un meilleur prix pour la laine
peignée que pour la groffe laine pour
draperies, nos fermiers qui trouvent que
le poids leur porte plus de profit que la
bonne qualité, n'ont fait d'efforts dans

ces derniers tems, que pour augmenter la premiere de ces deux qualités.

Delà ce que nous appelons l'amélioration de la race des moutons, dont la valeur est estimée à la grandeur du corsage, avec peu d'égard à la quantité ou la qualité de la laine, & s'il est vrai qu'il y ait dans le Yorkshire un moulin pour couper la belle laine peignée en *mêches* courtes pour les carder, comme on l'assure positivement, on ne doit plus s'étonner de la diminution de cet article.

Il est évident qu'on doit rendre incessamment justice aux propriétaires de terres, & qu'il faut apporter quelque remede à ce mal qui va en croissant. Il n'y a personne qui ne convienne qu'il faut employer quelque moyen pour obliger ceux qui ont trompé nos ancêtres en leur extorquant un monopole sur les laines, sous le faux prétexte d'en relever la valeur, à nous donner autant de nos laines que le reste de l'Europe reçoit pour

les

les siennes. Mais il y a quelques observations à faire sur la manière de mettre fin
à une entreprise aussi desirable.

Les manufactures de laine qui ont joui
pendant de longues années des douceurs
d'une si grande faveur, sont restées en
conséquence dans l'engourdissement,
tandis que les autres se sont considérablement améliorées. Celles de coton, en
particulier, qu'aucun privilége exclusif
n'encourage, a fait des progrès rapides,
par l'application de moyens mécaniques
qui diminuent le prix du travail. Très-peu
de ces inventions ont été adoptées dans les
manufactures de laines, quoiqu'elles soient
aussi propres à celles-ci qu'aux autres. Si
nous abrogions tout d'un coup les loix
concernant la laine, & si nous prenions
le meilleur prix de notre laine, par-tout
où nous pourrions l'obtenir, le changement seroit trop subit, & les manufactures souffriroient, parce qu'elles n'auroient pas un tems suffisant pour y remédier en adoptant des méthodes pour

diminuer le prix du travail, & compenser
par ce moyen l'augmentation qui seroit
faite sur celui de la matiere premiere, il
faut donc accorder du tems ; & tandis
que nous poserons les fondemens d'un
systême par lequel nous obtiendrons, dans
le moment convenable, ce que nous de-
mandons si justement, nous devons avancer dans son exécution, à pas lents &
mesurés.

Supposons donc que la premiere de
ces demandes , elle est très - modérée
pour des gens qui sont dans de si rudes
entraves , soit une permission d'exporter
de la laine filée avec une taxe modérée,
par exemple de 10 pour 100, cela releveroit un peu le prix de la laine, & il
continueroit à s'élever pendant quelque
tems, mais il ne pourroit pas égaler de
longtems celui des laines étrangeres dans
les marchés de l'Europe, & avant ce
moment, les manufacturiers pourroient
préparer & employer les machines, &
regagner par la réduction du travail, ce

qu'ils perdroient par l'augmentation de
la laine. Je ne vois pas, je l'avoue, aucune objection à faire contre ce plan.
On ne peut appeler ce moyen une exportation de la matiere crue, parce que cette
laine a déjà passé par deux états, & qu'elle
a été filée par les pauvres ; & combien y
a-t-il de pauvres gens aujourd'hui qui ne
demanderoient pas le secours de leurs
paroisses s'ils pouvoient obtenir un bon
prix de leur filature ? & combien s'en
trouve-t-il aussi d'oisifs dans les maisons
de travail, parce que l'inspecteur a de la
peine à vendre leur laine filée à un prix
qui pourroit subvenir à une partie de leur
subsistance ?

La situation actuelle des fileuses est
une des plus criantes injustices du monopole qui s'exerce sur les laines, & il
est très-probable qu'une grande partie
de la taxe énorme pour les pauvres
sous laquelle nous sommes accablés, est
la conséquence immédiate de ce systême.

La mesure de la filature, qui est appelée travail de *douze - penny*, ou de 12 sous anglois, qui valent chacun environ 2 f. tournois, parce qu'on avoit coutume de la payer un schelling, se paye à présent 8 sous, & celle appelée *huit-penny*, n'est payée que 6 sous, sous prétexte de l'engourdissement du commerce. Ainsi autrefois, lorsqu'on avoit pour un schel. autant des choses nécessaires à la vie qu'on en a aujourd'hui pour 18 f., telle étoit la portion de travail pour laquelle on donne à présent 8 sous : c'est une prodigieuse soustraction au pur nécessaire des pauvres. Ils travaillent cependant avec autant de zele & aussi industrieusement ; mais ils manquent de leur salaire accoutumé, & sont forcés par les cris de leurs enfans affamés de recourir à leur paroisse. Il n'est pas douteux qu'en portant la filature à un bon prix, non-seulement nous releverons le prix de la laine, mais nous arracherons les pauvres de l'oppression sous laquelle ils

gémiſſent (1), & nous diminuerons con-
ſidérablement la taxe que nous payons
pour eux.

Lorſqu'on a parlé d'exporter la laine
ſous quelqu'autre forme qu'en draperie,
il s'eſt élevé un cri ſoudain contre cette
innovation ; il en ſera ſans doute de
même aujourd'hui, & l'on dira, « en-
voyez votre laine au-dehors, & les manufactures la ſuivront ». Cette terrible
menace vaut la peine qu'on y faſſe attention ; exporter la laine de cette île, c'eſt
exporter annuellement 600000 poches
de cette marchandiſe, ce qui ſeroit certainement occaſionner la ruine immédiate de ceux qui manufacturent la laine
d'Angleterre ; mais auſſi n'eſt-ce pas cela
qu'on entend, on ne parle que d'une
petite quantité qui ſeroit bientôt rem-
placée par l'augmentation de la laine,

---

(1) Obſervation très-juſte dont nous avons pluſieurs
fois ſenti la vérité à Suffolk. A. Y.

N iij

qui fuivra néceffairement celle de fon prix ; & ce qui reftera , fournira encore les manufactures du royaume avec avantage.

La laine pour la confommation intérieure reftera intacte ; elle a été eftimée, par de bons écrivains, les neuf-dixiemes de la totalité ; & l'on ne peut fuppofer, qu'avec la protection qu'on ne ceffera de leur accorder, les manufacturiers perdent jamais quelque partie de leur exportation ; mais , fi avec cet avantage ils ne reftent pas en poffeffion des marchés étrangers , nous les regarderons comme des gens peu utiles à la fociété dont ils font membres. On ne peut pas dire que l'exportation de la laine filée feroit une différence effentielle dans la quantité de l'exportation des draps ; la France qui en prendroit la plus grande partie , tire la laine dont elle a befoin , de toutes les parties de l'Europe ; & comme aucune nation , excepté la nôtre , ne refufe de la lui fournir , il n'y a point de doute qu'elle

n'en reçoive autant qu'elle en aura besoin.

Puisque les manufactures sont déjà
bien fournies de laine filée, cette marchandise prendra seulement la place de
quelques-unes des laines que la France
achete, & nous aurions la consolation,
en portant du secours à nos pauvres op-
primés, de diminuer la taxe annuelle
que nous payons pour eux (1).

---

*RECHERCHES sur la laine & ses manu-
factures ; par M. VALPY.*

De Reading, Avril 1788

LE prix moyen de la laine de Berkshire,
pendant les trois dernieres années, a été
de 10 sous par livre. L'augmentation du
prix, dans ce comté, est en grande partie
l'effet de la qualité qui est améliorée.

---

(1) Des faits intéressans, & des conclusions bien dé-
duites, rendent cet écrit très-important. A. Y.

La race des moutons du Dorfetshire a
été depuis peu introduite ici, avec un
avantage confidérable ; mais peut-être
eft-il naturel que le prix de la laine foit
haut. Pendant la guerre l'exportation
ralentie fit baiffer le prix ; mais puifque
les arts de la paix ont repris vigueur, &
que les canaux du commerce font libres,
il feroit étrange qu'une vente plus grande
de marchandifes n'augmentât pas les
demandes, & n'élevât conféquemment
le prix de la matiere premiere.

La laine de Berkshire eft prefque la
même que celle de Wiltshire & d'Oxfordshire. C'eft, en général, une bonne &
forte efpece de laine pour draperie, telle
que les François en ont principalement
befoin pour mêler avec la leur. On voit
qu'il eft probable qu'on en tireroit un
grand profit fi l'exportation en étoit
permife. On fabrique très-peu de cette
laine dans ce comté, elle eft envoyée
dans le Glouceftershire, le Somerftshire,
& particulierement dans le Yorkshire.

Le poids de la toison peut être estimé à 3 livres $\frac{1}{2}$; il est beaucoup moindre dans les bruyeres de la forêt de Windsor, mais la laine y est très-belle.

Le prix moyen de la filature est un schelling par livre; à ce prix les fileuses font seize écheveaux sur le devidoir de sept quarts. On file une grosse espece de laine pour bannes de charriots, à 2 sous $\frac{1}{2}$ la livre; la laine peignée 3 sous par livre; & celle qui est cardée, depuis 1 sous $\frac{1}{2}$ jusqu'à 2 sous $\frac{1}{2}$.

Une femme très-diligente & peu dérangée par les soins de son ménage, gagne 6 sous par jour; mais on peut dire que les gains ordinaires sont de 4 sous par jour; il y a quelquefois un peu de variation; souvent on retient 1 sou par livre pour la commission. Les fileuses gagnent à filer du lin & du chanvre de 3 à 4 sous par jour; elles travaillent pour les chandeliers, qui les obligent à prendre la moitié de leurs gains en marchandises. Les toiles à voiles & pour les sacs qu'on fait à Rea-

ding, emploient beaucoup de leur filature. Le prix du chanvre & du lin est
augmenté depuis dix ans, de plus de
14 livres par *tonneau*, & il augmente
encore.

On file aussi du coton dans ce voisinage ; les gains sont à-peu-près les mêmes.
On donne ¼ de sou pour l'*usé* des cardes ;
la plus grosse espece est employée par les
chandeliers, la belle espece est envoyée
à Londres pour le commerce de Manchester.

Il est difficile de savoir des manufacturiers si la branche de commerce dont
ils s'occupent est dans un état florissant
en quelque tems que ce soit. Quelques
drapiers de Wiltshire se plaignent d'un
grand vide dans les marchés d'Espagne
& d'Amérique : cela peut avoir pour
cause une trop grande exportation pendant les premieres années qui suivirent
la paix. Ces trop grandes spéculations
ont dernierement surchargé les marchés
françois ; c'est un mal qui commence à

se faire sentir. Je ne comprends pas bien les raisons d'une si alarmante déduction sur les gains des pauvres à Suffolk ; il faut remonter à quelqu'autre cause qu'à une *ligue* entre les manufacturiers ; le mal ne seroit pas de longue durée s'il n'y avoit qu'une concurrence entr'eux. Ne seroit-ce pas que les manufactures de laine s'éloignent par degrés vers le nord de l'Angleterre ? C'est au moins la cause qui influe sur d'autres manufactures. S'il y a quelques vides dans plusieurs comtés, Yorkshire est, comme je l'apprends, dans un état de prospérité qui maintiendra la proportion générale. Peut-être cette cir-constance engage-t-elle les manufactu-riers de quelques comtés du sud, à em-pêcher le transport de la laine dans les ports du nord, en présentant au parle-ment le fameux bill des laines. Vos rai-sons ont fait la plus grande impression sur plusieurs personnes sans préjugés ; & j'ai bien de la satisfaction en vous appre-nant que je les ai communiquées à plu-.

ſieurs manufacturiers qui en ont reconnu toute la force avec une candeur qui leur fait honneur. Il eſt très-certain que ſi nous remontons au tems où l'exportation de la laine étoit permiſe, nous ne trouverons pas qu'aucun mauvais effet en ait été la ſuite. Lorſque Edouard III défendit cette exportation, le commerce des draps languit dès ce moment. Les loix oppreſſives des villes manufacturieres des Pays-Bas, les déſordres de celles de Louvain & des autres villes de Flandre & du Brabant, coopérant avec les priviléges que ces pays accordent aux tiſſerands, ſont de plus ſolides raiſons de l'augmentation des manufactures (1). D'ailleurs le

(1) Le préſident de Thou fixe l'époque de l'établiſſement des manufactures de laines, cent ans plus tard, & l'attribue à Eliſabeth, qui accueillit les habitans des Pays-Bas, échappés aux cruautés du duc d'Albe; mais ce que cet illuſtre auteur dit, doit plutôt s'entendre de leur perfectionnement que de leur établiſſement, puiſque les hiſtoriens Anglois & Flamands parlent des manufactures de Londres longtems avant que les ſept Provinces - Unies euſſent tenté de ſecouer le joug de l'Eſpagne. Poſtlethway, dict. of commerce N. du T.

ressentiment que le roi avoit de ce que le comte de Flandre venoit d'embrasser les intérêts de la France en 1336, fut plutôt la cause de la prohibition que la certitude de l'utilité des mesures qu'il prenoit. Il est vrai que tandis que ces loix furent en vigueur, on y eut peu d'égard ; car on trouva tant d'inconvé-niens dans la prohibition totale de l'ex-portation des laines & l'importation des fabriques étrangeres, qu'on y ferma les yeux, même avant qu'on eût levé la défense pour la premiere fois (1).

Pendant le regne de Henri V, nos manufactures avoient atteint un haut degré de perfection relative, & cepen-dant l'exportation de la laine étoit per-mise dans toute son étendue. Elles avoient fait de si grands progrès en 1448 que cela occasionna une grande diminution dans le commerce des manufactures de Flandre, qui prohiba la vente des draps

(1) Anderson, histoire du commerce, année 1376.

anglois. Il seroit difficile de prouver par
la suite de notre histoire, que la supériorité de nos draps sur ceux de Flandre
& de France, depuis que ce royaume
approche si près de la rivalité, ait été
l'effet des loix prohibitives qui ont été
portées de tems en tems. On peut ajouter
encore que l'exportation de la laine ser-
viroit d'encouragement pour l'amélioration de la laine. Depuis quelques années
la chair des moutons a été un objet de
plus grande importance que leur laine ;
aussi dans plusieurs endroits qui produi-
soient autrefois une bonne laine pour
draperie, ne trouve-t-on maintenant
qu'une grosse laine, propre seulement à
faire des tapis. La clôture des communes
& des éminences sur lesquelles croissoit
l'herbe courte qui produit la laine fine, a
peut-être été une des premieres causes
de cet effet. L'introduction de l'usage
des prairies artificielles passe pour avoir
beaucoup contribué à ce changement :
une plus grande demande de laine qui

réfulteroit de l'exportation , engageroit naturellement les propriétaires à remédier à ce mal ; peut-être aufli le prix du mouton augmenteroit-il le revenu , au moins en recevroit-il un fenfible accroiffement.

Il peut cependant naître des inconvéniens des meilleurs réglemens. La permiflion d'exporter la laine , en encourageant & en augmentant la quantité de cette marchandife , ne changera t-elle pas des terres labourables en pâturages , au grand détriment de la culture & de la population (1) ? Le prix de notre laine en France augmentera - t - il comme la quantité en augmentera chez nous? Si elle eft maintenant exportée, le fraudeur doit faire naturellement un profit confidérable ; & les manufacturiers François la reçoivent-ils actuellement à un très-haut prix ? Si l'on me répond négative-

____

(1) On a fait auffi en France cette objection fans aucun fondement. N. du T.

ment, je demanderai si nous pourrons vendre moins que les François, puisqu'ils acheteront la laine d'Espagne au même prix, & probablement meilleur marché, après l'importation des nôtres ? C'est l'affaire du gouvernement de calculer les effets probables des deux différens plans qu'il soumettra à l'examen. Dans l'un & l'autre cas, tout propriétaire, tout homme de bons sens, tout Anglois enfin qui desire maintenir autant qu'il est en lui la constitution de son pays, doit avoir comme vous en horreur le bill de la laine. Il semble calculé pour augmenter au lieu de diminuer le nombre des fraudeurs. Il paroît fait pour opprimer les cultivateurs, & pour diminuer le prix de la matiere premiere pour les manufacturiers, sans diminuer celui de la fabrique. C'est le renouvellement de cet acte arbitraire qui a soumis le commerce des vins à l'excise, & mis le marchand à la merci d'une nouvelle race de délateurs, qui sous le prétexte de *soupçon*, peuvent faire toutes

sortes

fortes de maux. Peut-être vaudroit-il
mieux placer fur chaque diftrict un
habile infpecteur, qui tiendroit compte
de la quantité de laine recueillie dans
chaque partie du royaume , on compare-
roit le total avec le nombre de poches
de laine que les manufacturiers employent.
On pourroit connoître alors avec affez
d'exactitude, quelle feroit la quantité
exportée, & l'exiftence d'un mal doit
être pleinement prouvée , avant de me-
nacer de peines fi graves un honnête &
induftrieux fermier. Je ne fais quel degré
de confiance il faut accorder au témoignage qu'on rend aujourd'hui fur l'exportation des laines d'Angleterre ; mais
je fais qu'une partie du rapport eft extrêmement fauffe. Je vous dirai inceffam-
ment quelque chofe fur l'exportation
de Jerfey. R. VALPY.

RECHERCHES sur le même sujet; par M. SEHOMBERG.

Oxford, Avril 1788.

LES recherches sur un objet qui fixe l'attention du public, doivent être extrêmement intéressantes, sur un objet surtout qui contribue autant que le fait le commerce des laines, au bonheur de notre pays, & qui par son importance doit tenir le premier rang.

On croit généralement que la supériorité de la manufacture de Witney est due à l'eau chargée de nitre de la petite riviere de *Windrush*, qui traverse la ville, & que cette eau donne aux couvertures qu'on fabrique à Witney, une blancheur & une finesse qu'on ne peut leur donner en aucun lieu de l'Europe. Il est évident que ce degré de supériorité ne dépend d'aucune cause mécanique, les tentatives infructueuses qu'on a faites pour établir de semblables manufactures à Newbury, à Roystone & à Guilford, le prouvent assez. Les perfides ouvriers qui sortirent de Witney s'aperçurent bientôt que le secret de leur art ne pouvoit être transporté, & que la prospérité de cette manufacture ne dépendoit pas tant de leur science & de leur attachement à ce lieu que de la qualité des eaux du ruisseau qui continuera, si on ne le détourne pas de son cours, de donner à la fabrique qui emploie ses eaux, la supériorité depuis longtems reconnue sur ses concurrentes. Il y a plusieurs autres raisons pour attribuer cette supériorité à des causes physiques plutôt que mécaniques, comme seroient la matiere premiere moins chere & plus abondante, la simplicité des procédés qui consistent tout au plus en cinq opérations, chacune desquelles est si facile, que si le crédit de cette manufacture dépendoit d'autres causes que de quelque avantage local, il y auroit longtems qu'elle auroit choisi une autre situation; puisqu'il paroît par l'état du marché de Witney, que les provisions, &c. y sont cheres en comparaison des marchés de l'Irlande, de Galles, des comtés du nord & de plusieurs de ceux de l'ouest de l'Angleterre. Quoique l'objet principal de la manufacture de Witney & celui qui la distingue le plus soit les couvertures, il y a cependant plusieurs personnes occupées à d'autres branches, qui emploient la même matiere ; on y fabrique, par exemple, des *duffields*, des *kerseys*, des *weduels*, dont les faiseurs de colliers se servent pour doublure, des *capes*, principalement pour les marchés hollandois, des *enveloppes*, des *bannes* pour les chariots & pour les bateaux ; des *hamacs* qui en tems de guerre font un grand commerce; enfin des housses. La laine qu'on emploie pour ces objets est des trois plus basses especes de la toison, & telle qu'elle sort des peaux chez les pelletiers. Elle est apportée à Witney toute assortie de presque toutes les parties du

royaume. Quelques - unes de ces laines
payent jufqu'à 15 fchellings pour poches
pour la voiture , ce qui fait $\frac{3}{4}$ de fous
anglois par livre. Il eft à remarquer que
la laine d'Oxfordshire eft fouvent achetée
en toifon par les marchands de Leiceftershire , pour leurs fabriques de tricot , &
le refte aſforti , eft reporté pour être
vendu au marché de Witney. On ne peut
concevoir la raifon pourquoi les habitans
d'Oxford laiſſent aller ainfi dans des mains
étrangeres le profit qu'ils pourroient faire
par le tranfport de la matiére premiere
dont une grande partie eft fi eſſentielle à
la provifion de leur comté , & qui avec
de l'attention , pourroit rendre les fecours
moins néceſſaires , & procurer un furcroît
indépendant du marché , non-feulement
dans le Leiceftershire , mais auſſi dans
plufieurs parties de l'oueft ; au moins
cela contribueroit à diminuer le prix dont
on fe plaint , en faifant difparoître la
dépenfe de deux tranfports. Le dernier
prix de la laine en toifon aux environs

de Witney, étoit de 18 schel. à 19 schel. le poids de 28 livres; le poids ordinaire d'une toison est de 3 livres $\frac{1}{2}$ à 5 livres $\frac{1}{2}$, quoique plusieurs, comme je l'ai dit dans ma derniere lettre, aillent jusqu'à 7 liv.

L'état suivant montre l'augmentation du prix de la laine employée à Witney pendant les cinq dernieres années.

	1783.			1788.		Augmentation.	
	l. sterl.	sch.		l. sterl.	sch.	l.	sch.
Grosse laine, . . .	2	2		6	15	4	5
Belle tête de laine,	6	0	0	8	15	2	15
Laine d'agneau, .	6	10	0	9	0	2	10
Laine courte, . . .	3	0	0	6	10	3	10

Par poch. de 240 l.

On a calculé qu'il y a actuellement environ soixante maîtres tisserands, quelques-uns desquels emploient de cinq à huit métiers, mais l'un dans l'autre il y a trois métiers pour chaque maître, la plupart de ces métiers sont de 10 quarts à 16 quarts de large; on peut supputer qu'ils occupent près de dix-huit cens personnes, & qu'ils fabriquent annuellement 9000 poches de laine. Ceci ne doit cependant pas être pris sans exception ; car j'ai appris d'un marchand de laine réfident fur le lieu, que pendant l'année derniere il y eut une telle ftagnation dans les affaires, que la confommation fut moindre de 3750 poches que dans l'année 1786; ce qui mit un grand nombre d'ouvriers hors d'emploi; quelques-uns defquels fe retirerent dans les villes manufacturieres du nord & de l'oueft, & dans celles où l'on fabrique le coton. Je dois obferver, à l'honneur du commerce, que quelques journaliers, montrerent dans cette occafion leur attachement pour la ville, en y demeurant, contens d'un gain modéré pendant la rareté de l'ouvrage; ces ouvriers font préférés au retour des demandes, par les maîtres, à ceux qui les ont baffement abandonnés, ou qui ont préféré de refter oififs chez eux, plutôt que de travailler à un prix plus bas. Ce que j'ai dit à l'égard du nombre de perfonnes employées par cent quatre-vingt métiers, paroîtra affez exact par le détail fuivant, qui peut servir d'analyse à cette branche de commerce. —Un métier emploie une éplucheuse de laine, trois cardeurs, trois fileuses, une femme qui fournit de laine à l'*espoule* (1), une epouleuse qui fournit la chaîne de la même maniere. Cependant il faut observer qu'une industrieuse épouleuse fournira deux métiers contigus, & deux tisserands. Quant aux foulons il est difficile, vu la nature de leur emploi, de dire combien un métier peut en occuper; ils sont au nombre de cent cinquante. Le ramage des couvertures est fait ordinairement dans une chambre près du moulin à fouler, & emploie le plus grand nombre de mains. On ne fait pas usage des chardons à foulon, parce que les couvertures sont ramées humides, & que les pointes de ces instrumens seroient bientôt relâchées & hors d'usage. La terre à foulon est apportée

____

(1) On dit aussi espoulin. Voyez ce mot dict. du commerce.

principalement de Wooburn en Bedford-
shire foit humide ou feche. Humide, on
la vend 2 fchellings 4 fous ou 2 fchellings
6 fous le quintal, ce qui fait un boiffeau
lorfquelle eft feche. Si elle eft apportée
dans ce dernier état, elle coûte 3 fchel.
à 3 fchellings 6 fous le boiffeau. Pour
l'employer on la mêle à de l'argile tirée
des environs de Witney. On a fait depuis
quelques années des effais pour introduire une machine propre à exécuter
cette partie du procédé, mais elle a été
abandonnée, foit parce qu'elle étoit peu
propre à l'objet, ce que je crois, car la
réuffite en auroit été fort utile, foit parce
qu'elle n'étoit pas favorable aux pauvres
ouvriers; ce qui eft ordinairement la fuite
des effais pour fubftituer les puiffances
mécaniques à la force humaine; cependant les réfultats de la plûpart de ces inventions ont généralement prouvé que
ce font des préjugés; loin de tendre à
diminuer l'occupation des pauvres, bien
employées, elles doivent être le moyen

de les multiplier, elles facilitent les procédés, elles les exécutent à meilleur marché, plus promptement & plus parfaitement ; trois qualités qui ne peuvent
manquer d'étendre les marchés, & d'augmenter les profits dans toutes les manufactures qui les employeront. Ajoutons à
cela que les mains superflues sont bientôt
employées à quelques opérations dépen-
dantes de celles qui les occupoient précé-
demment, & qu'en même tems qu'elles
augmentent l'industrie générale, elles
peuvent porter leur industrie particuliere
dans les plus petites parties de la fabrique,
& donner aux différens articles cet état
de perfection qui distingue éminemment
aujourd'hui les manufactures d'Angleterre de celles de tous les autres pays ;
C'est ce qui a fait, presque de nos jours,
de plusieurs villages de Lancashire, des
villes rivales de leur capitale, en grandeur & en population, & qui a rendu
autrefois le Piémont la contrée de l'Italie
la plus riche & la plus peuplée. Il y a bien

quelques questions d'économie de plus grande importance, mais ce n'est pas ici le lieu de s'en occuper. Le taux des salaires à Witney, est très-variable, il dépend en grande partie de la quantité des demandes, effet inévitable dans la plupart des manufactures où l'ouvrage est fait en *gros*. Il sembleroit au premier coup-d'œil que le gain d'un ouvrage fait à la piece, soit proportionné à l'industrie personnelle, & que cette maniere de payer doive exciter l'activité, & être plus avantageuse que le paiement à la journée. Mais observons que si ce dernier paiement est limité, il est aussi souvent plus certain, & que lorsqu'un homme est employé, il sait ce qui lui reviendra ; au lieu que dans l'autre maniere son industrie, & conséquemment sa subsistance, dépendent de la volonté de celui qui l'emploie, lequel regle ordinairement le travail de ses journaliers, sur le plus ou le moins de demandes, & réduit ainsi fréquemment leurs gains au-dessous du salaire des jour-

nées. Les manufactures de laine ſont peut-
être les ſeules dans leſquelles le mal ſe
fait ſentir dans toute ſon étendue ; dans
la plupart des autres les grands capitaux
ſervent à tenir conſtamment en mou-
vement un certain courant d'induſtrie,
qui a, même dans les mortes ſaiſons, au
moins l'apparence d'affaires, mais dans
les manufactures de laine le travail des
pauvres dépend entierement de la variation des demandes, dont la diminution
produit l'oiſiveté & la miſere, qui font
naître trop ſouvent le mécontentement,
& ſe terminent par la ſédition.

L'épluchage de la laine ſe fait communément par de vieilles femmes qui gagnent
à ce travail un demi-ſou par heure.

La laine eſt filée à la livre, au prix de
5 ſous pour la trame, & de 7 ſous $\frac{1}{4}$ pour
la chaîne. Une bonne fileuſe pouvoit
gagner autrefois de 7 ſous $\frac{1}{2}$ à 9 ſous $\frac{1}{2}$ par
jour, mais aujourd'hui il faut qu'une
femme travaille beaucoup pour gagner
ſix ſous ; non parce qu'on leur retient

quelque chofe fur leur travail, car cette
mauvaife pratique eft inconnue ici ; mais
par une caufe qui diminue toujours le
falaire de l'induftrie, la quantité de monde
& le peu d'occupation. Il n'y a point de
différence dans la filature ; la nature des
travaux de cette manufacture n'admet
point cette diftinction, la groffeur re-
quife du fil étant prefque la même pour
tous les objets qu'on y fabrique. Puifque
je fuis fur l'article de la filature, je vais
répondre aux demandes que vous m'avez
faites fur celle du lin dans votre lettre du
23 Février.

J'ai appris que dans la manufacture de
toiles à voiles de Reading, la filature la
plus commune eft une livre de lin en fil
de 150 aunes de long, pour laquelle on
donne 10 fous la douzaine de livres pour
la trame. La filature commune, eft une
livre de lin en 1200 aunes, pourquoi on
paye 3 fchellings la douzaine de livres
pour la chaîne. La très-belle filature contient dans la livre 1800 aunes, pourquoi

on paye 4 fchellings 6 fous la douzaine
de livres, mais on n'en demande pas fouvent : le gain moyen eft de 3 à 4 fous par
jour ; le nombre des fileufes employées
eft d'environ trois cent ; le dernier prix
du chanvre & du lin étoit

Chanvre , . . . 38 fchel.
Lin. . . . . . . .43 à 50 fchel. } le quintal.

Un tifferand bien occupé peut gagner
de 19 à 23 fchellings par femaine, &
peut faire avec fon compagnon deux
paires de couvertures de 12 quarts par
jour. Les heures du travail, dans le bon
tems, font le matin depuis quatre heures
jufqu'à neuf, & depuis dix heures jufqu'à deux heures ; & l'après-midi depuis
3 heures jufqu'à huit heures ; un cardeur
ou un *rameur* gagne environ 2 fchellings
par jour ; quand on eftimoit prefqu'autant les couvertures par le luxe des coins
que par la beauté du tiffu, une femme
pouvoit gagner 3 fchellings par femaine
à entrelacer de la laine bleue, rouge,
jaune, verte, &c. dans les bords & les

coins de la couverture , felon le modele qu'elle avoit dans la tête. Cet ufage n'eft pas entierement abandonné , mais on fe contente à préfent de brocher la tête des couvertures avec un fil de laine teinte en bleu. Après avoir expliqué brievement chaque procédé de cette utile manufacture , il ne nous refte qu'à porter la marchandife finie au marché ; mais il faut avant pefer les couvertures & les infpecter au magafin , où il y a toujours des officiers pour cela. Le maître de cette marchandife eft mis à l'amende de 2 fch. pour chaque livre de laine qu'elle pefe de moins que le poids convenu ; chaque poids , qu'on appelle *ftockfull* , eft d'une demi-poche de laine , qui peut être employée en autant de couvertures qu'il plaît au maître ; de forte que , malgré que chaque paire de couverture doive avoir un poids déterminé , le nombre de paires contenu dans le *ftockfull* , dépend de la grandeur des couvertures , ou de la maniere dont la demi-poche de laine eſt employée ainſi :

paires de couvertures de   quarts.

$$\left.\begin{array}{lr} 3 & 12 \\ 4 & 11 \\ 5 & 10 \\ 6 & 9 \\ 8 & 8 \\ 10 & 7 \end{array}\right\} \text{font un } \textit{ſtockfull.}$$

On exige de chaque maître tiſſerand, qu'il porte au moins tous les mois au magaſin un *ſtockfull*, ſous peine de perdre ſa maîtriſe. Excellente inſtitution, qui, plus étendue, produiroit, ſans oppreſſion, tous les effets qui découlent d'un travail régulier que les pauvres ont droit d'attendre des capitaux de ceux qui les emploient.

La variation du prix des couvertures, comme il eſt naturel de le ſuppoſer, a été de niveau avec l'augmentation du prix de la matiere premiere ; ce qui paroîtra par l'état ſuivant :

Prix

Prix d'une paire de couvertures en

	1783			1788		
	liv. sterl.	schel.	s.	liv. sterl.	schel.	
De 12 quarts	1			2	5	0
11	1	8	6	1	10	0
10	0	14	0	1	3	0
9	0	11	0	0	14	0
8		7	6	0	10	0

Il faut obſerver que les plus belles
ne ſont faites que d'une belle tête de
laine qui n'eſt jamais au-deſſous de 6 liv.
ſterl. la poche. Par un compte de l'année
1732, que j'ai ſous les yeux, il paroît
que le prix des couvertures étoit alors
plus haut qu'il ne l'eſt à préſent. Une
paire de belles couvertures de 11 quarts,
y eſt portée à une livre ſterling & 13 ſch.
Une belle paire de 9 quarts, à 19 ſchel.
& une plus groſſe de la même grandeur,
à 15 ſchellings ; vous voyez le réſultat
de mes recherches ; je ſouhaite bien
ſincerement qu'on en faſſe de ſem-

blables dans les manufactures de chaque comté.

L'auteur a joint aux recherches que nous préfentons, un tableau des naiffances & des morts, depuis l'année 1758, jufqu'à préfent, par lequel il réfulte que le total des naiffances excede de huit cent trente-trois celui des morts, dans la paroiffe de Witney. N. du T.

RECHERCHES *sur le même fujet; par M. WHITE.*

Chevington, près Bury, Comté de Suffolk.

LES fileufes ni les peigneurs de laine ne tiennent point de livres de compte, par le moyen defquels on puiffe répondre avec certitude à vos demandes. Le détail fuivant eft le meilleur que j'aie pu obtenir des queftions que j'ai faites à plufieurs perfonnes, & dont l'accord eft la feule preuve de fon exactitude; il faut d'abord obferver qu'une perfonne qui n'eft point accoutumée au langage des fileufes, trouve beaucoup de difficulté

à prendre une idée de leurs travaux ,
d'après les réponses qu'elles font ; tous
les arts ont des termes qui leur font
propres , & que personne ne connoît
gueres, que ceux qui les exercent. Mais ici
on trouve une difficulté particuliere dans
l'usage des mêmes mots pris dans leur
acception commune & particuliere ; ainsi
gagner un sou , filer un sou , signifie dans
la premiere acception, une somme d'argent, & dans la seconde une mesure ;
de même , diminuer 3 sous sur un schel.
payer un schelling pour un schelling ,
signifie dans la premiere expression , une
somme d'argent , & dans la seconde
une mesure payée sans aucune déduction (1). Cependant les mots de sou , &c.

---

(1) On a déjà observé que les expressions 12 *sous* d'ouvrage , 14 *sous* , 18 *sous* , 2 *schellings* , désignoient la
livre de laine qu'on payoit anciennement à ce prix. On
conçoit qu'elle étoit filée plus fin pour le prix le plus haut ,
& ainsi en diminuant ; or le degré de finesse de la filature
est encore exprimé par le prix ancien , qui n'est plus que
le prix nominal ; ainsi ces expressions désignent la longueur

lorsqu'ils défignent une méfure , n'expri-
ment pas toujours la même, car un fou ,
fur le devidoir de 2 yards ou d'une aune
& demie (de France), le yard $=$ 33 p.
de France , dé-
figne 6 nœuds de
80 tours chacun.
Sur celui de 7 quarts , .   6 nœuds de 80
tours chacun.
Sur celui d'un yard , . 14 nœuds de 80
tours chacun.

De-là les regles fuivantes :

1°. 6 f. fur le devidoir d'un yard *valent* 7 f.
fur celui de deux yards.
2°. 8 f. fur le devidoir de 7 quarts *valent* 7 f.
fur celui de deux yards.
3°. 8 f. fur le devidoir de 7 quarts $=$ 6 f.
fur celui d'un yard.
Si l'ouvrage qu'on appelle de 12 fous,

---

du fil dans lequel la laine eft filée, & qu'on paye aujour-
d'hui beaucoup moins qu'autrefois. Nous avons cru devoir
répéter cette note pour éclaircir autant qu'il nous eft poffible , la matiere que nous traitons. N. du T.

est filé plus ou moins que la tâche pres-
crite ; c'est ainsi que l'on paye dans notre
maison de travail.

On ne paye point si l'on ne file que
7 sous ; on donne 2 sous pour 8 sous,
3 sous $\frac{1}{2}$ pour 9 sous, 5 sous pour 10 sous,
7 sous pour 12 sous, 8 sous $\frac{1}{2}$ lorsqu'on
file pour 13 sous.

LETTRE sur le même sujet ; par M. PEMBERTON.

Stanton, près Bury,
11 Mars 1788.

UNE bonne fileuse qui n'emploie pas
beaucoup de tems au soin de sa famille,
gagne, à *12 sous* d'ouvrage, environ 3 s. $\frac{1}{2}$
à *18 sous d'ouvrage*, environ 4 sous, & à
2 schellings d'ouvrage, environ 4 sous $\frac{1}{2}$.

On donne 7 sous pour 12 sous d'ouvrage, & l'on diminue un sou $\frac{1}{2}$ pour
chaque sou au-dessous de la tâche, & on
le donne pour chaque sou au-dessus.

P iij

Pour l'ouvrage de *18 sous* on fait la même déduction, & l'on donne la même gratification que pour celui de *12 sous*.

Pour l'ouvrage de *2 schellings* on donne 15 sous; on déduit 2 sous pour chaque sou au-dessous de la tâche, & on les donne pour chaque sou au dessus.

Il arrive rarement qu'on file la laine au-dessus de la tâche; mais plusieurs fileuses, particulierement les enfans & les commençans, manquent souvent de faire la quantité qu'on attend d'eux. Une jeune femme de cette paroisse, assez médiocre fileuse, peut avec peine filer pour 6 sous par jour de l'ouvrage de 12 sous, & ne gagne conséquemment que 2 sous par jour; la pension pour du pain & de l'eau, que lui donneroit le comté si elle étoit mise à la maison de correction, seroit égale au gain qu'elle fait par le travail long & ennuyeux d'un jour. On ne file ni chanvre ni lin dans cette paroisse, ni je crois dans le voisinage.

Dans ma paroisse les pauvres familles

ont été employées à ramasser des pierres, ce qui leur a été d'un grand secours (1). Je conçois toutes les objections qu'on peut faire contre cette maniere de les employer, si elle étoit fréquemment répétée ; mais par intervalles , elle peut contribuer à leur santé par un changement de travail qui est toujours agréable aux pauvres , & en outre ce travail peut être utile au service public, par l'entretien des routes.

Le plus grand mal auquel les pauvres sont exposés , vient de la friponnerie de plusieurs boulangers du pays ; ils ne sont pas assez surveillés par les magistrats. J'ai eu connoissance d'un fait qui mérite toute leur attention. Il manquoit 7 onces sur un pain , qui selon le prix actuel du grain , devoit peser 2 livres 7 onces ; je suis persuadé que si on faisoit des recherches sur cet objet, cet exemple ne seroit pas le seul. Il seroit très-utile, & de peu

____

(1) Le prix étoit de 8 sous pour 12 boisseaux.

de dépense, d'avoir un modele déposé dans les mains des comptables de la paroisse, & qu'on pourroit comparer de tems en tems avec celui des marchés voisins, des boutiques, & les poids des boulangers.

LETTRE sur le même sujet ; par M. THOMAS LANE, Écuyer.

Lea Lodge, en Devonshire.

LA circonspection des maîtres peigneurs est si grande dans cette petite ville, que c'est avec beaucoup de peine que je me suis procuré les observations que je vous envoie.

La laine du comté a été vendue en 1785 & 1786 douze à treize schellings par poids de 28 livres.

1787 — 14 à 15 schel.

A présent — 16 à 16 schel. 6 s.

Les toisons, poids moyen de 4 à 5 liv.

La belle laine de Kent ou assortie, comme on l'appelle ici, se vend 11 guinées la poche de 240 l. (ou 222 l. de France).

Les différens travaux qu'on fait ici fur la laine font le lavage, le peignage, le filage, le fepoulage & l'ourdiffage des chaînes pour les duroys & les ferges qui font faites particulierement à Exeter, Tiverton, Crediton & à Northtawton. Les femmes font prefque toutes employées à la filature, & reçoivent 8 fous ou 8 f. $\frac{1}{2}$ par livre pour la chaîne de duroy.

Elles ont 6 fous ou 6 fous $\frac{1}{2}$ par livre pour la chaîne de la ferge.

On ne file par jour que les $\frac{3}{4}$ de la livre; on ne fait point de déduction fur les gains des fileufes.

Les hommes & apprentifs employés au lavage & au peignage, ont 3 fchellings pour 410 liv. & gagnent depuis 5 fchel. jufqu'à 8 fchel. par femaine. Il n'y a point de différence dans le prix pour peigner la laine pour les duroys & les ferges.

Les chaînes de duroys pefent 5 liv. $\frac{1}{2}$ à 6 liv. $\frac{1}{2}$, qui fe vendoient autrefois 14 à 15 fchellings, à préfent 11 à 12 fchel. Les chaînes de ferges pefent 7 à 7 liv. $\frac{1}{2}$

& sont estimées généralement 6 sous
par chaîne de moins que celles de la
duroy. Nous avons vingt maîtres peigneurs qui employent quatre-vingt-dix
à cent journaliers & apprentifs. On voit
bien, d'après la réduction actuelle dans
la valeur de la chaîne, que le commerce
est mort ici ; mais que cela ne vienne pas
plutôt de ce que la laine y est plus mal
fabriquée à présent, que du prix actuel
de la laine, c'est une opinion que les partisans même du bill des laines doivent
abandonner. Le peignage de la laine contribue beaucoup à l'augmentation de
notre taxe pour les pauvres, car les
maîtres peigneurs ainsi que les autres
commerçans de cette ville, n'étant pas
taxés pour leurs capitaux, tout le fardeau
de cette taxe retombe sur le fermier. Je
ne pense pas me tromper en disant que
le cultivateur, enchaîné comme il l'est par
la situation de ce comté (1), s'il est en-

____

(1) Le comté de Devon est borné au nord par le canal
Saint-George, & au sud par la Manche. N. du T.

core soumis à l'inspection désastreuse
d'un officier de l'excise, doit être grevé
dans sa propriété, par tout monopole en
faveur du commerce de la laine sanc-
tionné par le parlement, puisque non-
seulement il sera soumis à des peines
cruelles, mais encore, à cause de notre
situation, du peu d'étendue de nos fermes,
& du peu de richesses de nos fermiers, il
sera obligé de recevoir tout ce que nos
marchands voudront bien lui donner de
sa laine, & quoique cette branche de
commerce reprenne vigueur, il n'y a
aucun avantage à espérer pour le fermier
ou le propriétaire des terres.

---

*EXAMEN des observations sur le bill
des laines; par JEAN HUSTER.*

LA principale partie de ce pamphlet
est la copie d'un mauvais écrit publié il y
a quelques années, sur le projet de ré-

gler l'exportation de la laine; je n'en
examinerai que les raisonnemens les plus
saillans, qui sont en général très-foibles
& fondés sur une pétition de principes.
Il présente des faits qui sont malheureusement faux.

« Il convient de fixer l'attention du
» lecteur sur cette importante vérité :
» que la fabrique de laine a cet avantage
» sur toutes les manufactures du royaume,
» qu'elle est toute entiere du produit de
» notre pays, & qu'elle nous fournit par
» ses retours, une multitude d'objets
» utiles, & de luxe »; tels sont les premiers mots de ce papier; mais cette importante vérité est une grande erreur. Il
y a plusieurs autres manufactures qui emploient, ainsi que celles de laines, nos
propres productions, il y a même quelques manufactures plus importantes que
celles de laine, telle est celle qui travaille
l'acier. Si l'on dit que nous importons
du fer, je réponds que nous importons
aussi de la laine. Le chanvre, le lin, le

verre, la poterie, en font d'autres preuves;
mais le principe par lequel on eſtime une
manufacture, ſimplement parce qu'elle
emploie nos productions, ne doit être
admis qu'avec la plus grande précaution,
ce que montre clairement la plus floriſſante manufacture peut-être que nous
ayons, je veux dire celle de coton. Si
nos productions ne pouvoient pas être
vendues ſans être manufacturées comme
l'argile dont on fait la poterie, l'aſſertion
ſeroit vraie, mais à l'égard de la laine,
elle eſt manifeſtement fauſſe. Quant à
ce que cette manufacture fournit des retours; quelle manufacture n'en apporte
pas ?

» En donnant de l'emploi & de la
» ſubſiſtance, elle donne de la force &
» de l'opulence »; mais chaque manufacture n'en fait - elle pas autant ? & y
a-t-il quelqu'autre manufacture dans le
royaume qui donne à ceux qu'elle emploie, une ſi miſérable ſubſiſtance que
celle de laine ? Les comtés de Suffolk &

de Norfolk ne font-ils pas dans la plus profonde mifere, malgré *l'opulence* de leurs manufactures fi vantées? Les raifonnemens de l'auteur prouvent que cette manufacture a plus befoin qu'aucune autre, qu'on lui continue les plus grandes faveurs ; & il nous dit que les manufactures qui trouvent de l'emploi à donner, font utiles à la nation. Quelle merveilleufe découverte ! Il eft malheureux qu'elle n'ait pas plus de rapport à ce dont il eft queftion que la hauteur du dôme de Saint - Paul , ou celle des pyramides d'Egypte. « Elle donne de l'encourage- » ment & de la vigueur à l'induftrie des » cultivateurs, en fourniffant les marchés » de toutes les productions de leur terre ». Voilà qui eft bien raifonné ; cette fabrique enleve au fermier 60 à 100 pour 100 de la plus nette valeur de fa laine ; taxe odieufe & cruelle qui monte à deux ou trois millions fterlings par an , tandis qu'il eft chargé d'une énorme taxe pour les pauvres, qui exifte dans les parties de l'est, précisément dans la même proportion que l'établissement de cette manufacture.

» Cette manufacture a augmenté de » deux millions sterlings depuis 1782 ». Ces fabricans sont sûrs de ne jamais prendre la plume sans nous donner quelque connoissance importante. Je desire bien qu'ils aient souvent recours à la presse. Les manufacturiers de Norwich, dont nous avons fait connoître les travaux, nous apprennent que la manufacture étoit très florissante ; ceux de Bradford nous le confirment aujourd'hui , & assurent que l'augmentation de ce commerce monte à deux millions sterlings ; cela étant ainsi, je voudrois savoir pourquoi ils viennent au parlement avec un bill *offensif*, sous le prétexte que leurs manufactures *déclinent, souffrent des dommages & des pertes* (1)? Mais les réclamations qui partent des deux extrémités du

____

(1) Rapport du comité concernant les laines , pag. 16.

royaume, & qui appellent du bill, montrent bien qu'il ne doit pas paſſer : « ſi la
» laine étoit exportée, le prix du mouton
» tomberoit faute de conſommateurs »,
p. 7; c'eſt dire expreſſément que ſi la
manufacture de laine étoit miſe ſur le
même pied que les $\frac{7}{8}$ des autres fabriques
nationales, elle ne pourroit pas arrêter
la concurrence étrangere que ces $\frac{1}{8}$ ar-
rêtent, & ſur laquelle ces manufactures
ont actuellement l'avantage ; c'eſt une
aſſertion abſurde, & j'ai trop bonne
opinion de l'induſtrie angloiſe, pour la
croire ; mais ſi elle étoit vraie, ce ſeroit
la plus cruelle ſatyre qu'on pût faire des
chefs des manufactures, des principes &
des faits ſur leſquels on veut appuyer les
monopoles. « La mauvaiſe foi de Smith,
» dans ſes mémoires ſur la laine, eſt »,
&c. Cet ouvrage eſt une des recherches
les plus impartiales qu'on ait jamais pu-
bliées ; il faudroit aſſurément, pour lui
faire perdre ſon crédit, quelque choſe de
plus que le *ipſe dixit* de M. John Huſtler.
» On

» On nie pofitivement que la laine
» ait été enlevée en affez grande quan-
» tité pour affecter les marchés ici & au-
» dehors , & ceux qui ont écrit pour
» foutenir cette opinion, font appelés
» en public pour montrer les preuves de
» ce fait ; nous fommes très-affurés qu'on
» n'en a pas enlevé une grande quan-
» tité , par l'impoffibilité d'exporter une
» marchandife auffi volumineufe que la
» laine , fans le fecours de plufieurs per-
» fonnes ». — C'eft-là le langage d'un
tréforier des fabricans , pour arrêter l'exportation frauduleufe. La conclufion fe
préfente d'elle-même ; fi la fraude ne
s'éleve pas à cette quantité, de nouvelles
loix pour la prévenir font inutiles.

« Que les habitans de Lincolnshire
» recueillent trop de laine de la groffe
» efpece , & qu'ils devoient recueillir de
» la laine pour draperie », p. 11 , 12.

Les confommateurs de laine courte de
Bradfort , difent aux habitans de Lincoln, de *cultiver* cette efpece ; ceux qui

emploient la laine longue à Norwich, leur
difent aufli de fournir de celle-ci autant
qu'il leur eft poffible; le fermier n'eft pas
juge de ce qui lui convient, mais les
manufacturiers lui prefcrivent ce qu'il
doit demander à fon fonds : Il me convient d'avoir de la laine longue, dit l'un,
changez vos moutons qui en donnent
de la courte : Je voudrois, dit l'autre,
avoir de la laine longue, changez donc
votre race ; on pourroit dire peut-être
qu'il y a dans ceci une abfurdité, mais
je fuis d'une autre opinion. Cela me paroît
être le langage jufte & naturel, approuvé
& même dicté par nos loix fur la laine :
c'eft la légiflation qui a autorifé ces ex-
preffions ; car celui qui accorde un privilége exclufif, donne lieu aux conféquences qui en réfultent. « Quant à la
» grande quantité de laine qui étoit dans
» le Lincolnshire en 1782, les proprié-
» taires de cette marchandife étoient
» dans une bien meilleure fituation que
» les marchands & les manufacturiers

» qui ne pouvoient vendre la leur. »
Voilà un excellent raifonnement! Quoi,
parce que vous ne pouvez vendre votre
marchandife, je ne dois pas à caufe de
cela vendre la mienne! Vous êtes extrêmement gêné, & il faudroit que je fuffe
ruiné. Lorfque la laine étoit à 8 fchel.
les 28 liv. vous difiez que le bon marché
étoit une raifon pour m'empêcher de
l'exporter; à préfent qu'elle eft à 18 fchel.
la cherté en eft la raifon, parce que vous
l'employez vous-même; mais fi je ne
dois pas l'exporter à préfent parce qu'elle
eft à 18 fchellings, je l'aurois donc dû
faire lorfqu'elle étoit à 8 fchellings.

Il me femble entendre ce dialogue :

*Monfieur le manufacturier, voulez vous
m'acheter ma laine, elle eft à 10 fchel.
ici, & je puis en avoir 50 ailleurs?*

Je ne puis l'acheter.

Pourquoi?

Parce que j'ai encore toutes vos marchandifes.

Vous ne l'acheterez donc pas?

Non certainement.

Dans ce cas, je vous prie, permettez que je la vende à ceux qui en veulent.

Point du tout, nous sommes « ceux » qui donnons de l'encouragement & » de la vigueur à votre industrie, en four- » nissant vos marchés ». Ayez patience, nous acheterons vos marchandises quand les nôtres seront vendues.

Mais pendant ce tems-là nous périrons de faim.

C'est une bagatelle, mais nous sommes aussi mal à l'aise, c'est pourquoi vous devez être contens.

« Nos fabricans & nos marchands ne » sont pas, comme les possesseurs de » terre & les fermiers, immuablement » fixés à ce pays, & si la législation an- » nulloit ou changeoit les loix concer- » nant la laine, il s'ensuivroit une » émigration trop considérable de nos » ouvriers les plus habiles & les plus » industrieux », p. 14. Je ne cite que cette menace, pour l'exposer au mépris du lecteur, car sûrement il est inutile d'en ajouter davantage. Le parlement n'a jamais proposé ni taxe ni réglement préjudiciables au commerce ; mais ç'a été régulierement là le langage. —Cela est maintenant si intelligible & si clair, que ce seroit perdre le tems que de le réfuter.

Nous sommes actuellement à la partie curieuse de cet ouvrage, qui fut publiée en Mars 1788, avant la discussion du nouveau bill, que l'auteur appelle futile, oppressif & *impolitique.*

« On ne peut nier que de décourager
» & diminuer la *crue* de la laine dans ce
» pays, seroit presqu'aussi nuisible que de
» souffrir qu'elle fût enlevée en égale
» proportion par les fraudeurs, puisque
» les manufactures, dans l'un & l'autre
» cas, en seroient également privées. Les
» clauses injustes insérées dans le bill,
» soumettroient inévitablement le cul-
» tivateur à une suite d'inquiétudes &
» de vexations qui lui rendroient désa-
» gréable l'éducation de ses moutons

» dans l'espace de 15 milles de la mer,
» & l'engageroient immanquablement
« à s'adonner à d'autres travaux, p. 16.

» Et il est surprenant que les compi-
» lateurs de ce bill aient adopté & étendu
» à toutes les côtes du royaume, les
» vexations, les restrictions & les peines
» que les loix actuelles n'avoient mises
» que sur les comtés de Kent & de Sussex,
» puisqu'un peu de réflexion les auroit
» convaincus de leur mauvaise politique,
» en effet on a enlevé frauduleusement
» plus de laine de ces deux comtés que
» de tout le reste du royaume, p. 17.

» Soit que la laine exportée soit peu
» considérable, (ce qui étoit l'opinion
» générale des manufacturiers en 1782)
» & que les loix aient besoin seulement
» d'être mises en exécution, ce qui est
» le sentiment actuel des gens les plus
» versés dans le commerce, en York-
» shire — &c. &c.

» Ce qu'il a de plus essentiel à faire,
» c'est de délivrer la laine de la marque

» de *goudron* , & d'ordonner qu'il n'y ait
» que la dépouille d'un mouton enve-
» loppée , comprife dans une toifon ;
» par ce réglement, le produit national
» de cet article, ne feroit pas augmenté
» de moins de 150000 liv. fterling par
» an », p. 25 ; c'eft-à-dire qu'on enleve-
roit annuellement 150000 livres de la
poche du fermier, pour les mettre dans
celle des manufacturiers. — Le feul moyen
d'augmenter le commerce des laines, eft
la concurrence dans la vente & le prix
proportionnel à la valeur ; proportion
qui fe trouve fi peu dans ce commerce,
qu'un homme peut bien augmenter con-
fidérablement la quantité de fa laine, &
ne pas en obtenir un meilleur prix ; ce
qui fouvent eft arrivé, comme on peut
en trouver la preuve dans l'ouvrage de
Cecil Wray. La publication de cet écrit
peut être aujourd'hui de quelque utilité,
puifqu'il eft une preuve de plus que le
bill dont il eft maintenant queftion, ne
doit pas paffer.

Q iv

OBSERVATIONS sur l'exportation supposée clandestine de la laine de Jersey ; par M. VALPY.

De Reading.

LORSQUE Psalmanagor publia son histoire de Formose, on crut longtems ici qu'elle étoit authentique, & la supercherie ne fut complettement découverte que lorsque quelques personnes employées dans le commerce de la Chine, eurent fait des recherches particulieres sur cet objet, & eurent ouvert les yeux à toute l'Europe ; l'ingénieux auteur imagina que la distance des lieux empêcheroit de découvrir ses mensonges.

Telle étoit probablement l'attente de ceux qui furent dernierement examinés devant le comité chargé de faire des recherches sur l'exportation de la laine. Les preuves de l'exportation d'Angleterre étant, comme ils l'imaginoient bien,

infuffifantes pour en impofer aux magif-
trats de ce pays, ils s'attacherent à l'île
de Jerfey comme le grand marché du
commerce illicite ; tranquilles fur le dan-
ger d'être découverts, il arriva cependant
que par des moyens que vous connoif-
fez (1), cette île fut enfin inftruite des
charges portées contre elle ; quoique les
habitans ne fuffent pas fommés officiel-
lement de fe juftifier, ils réfolurent de
fe laver d'une imputation fi contraire à
ce que méritoit leur fidélité fi longtems
éprouvée ; ils ont envoyé fur le champ
un député avec des inftructions claires,
pour démontrer la fauffeté de ce rapport,
& éloigner tout foupçon ; on n'accorde
à Jerfey que 4000 tod de laine de 28 liv.
M. Dumarefq a des preuves certaines

---

(1) Dès que M. Valpy eut appris qu'on accufoit dans ce rapport les habitans de Jerfey, de frauder la laine pour la France, il l'écrivit à fes amis d'ici, & la chambre de commerce de Jerfey, reconnoiffant l'importance de fes foins, a voté des remercîmens pour ce bon citoyen. A. Young.

qui atteftent que le nombre fuivant eft manufacturé pour l'exportation ;

En 1783 . . . 3062 tods de 28 liv.
1784 . . . 3017
1785 . . . 3445
1786 . . . 3440
1787 . . . 3310 ½

Outre cette quantité manufacturée pour l'exportation, on en fabrique en bonnets, en gands, en veftes & en bas pour l'ufage des habitans de l'île. Il faut obferver que ce qui eft envoyé à bord des vaiffeaux de Terre-Neuve, n'eft pas compris dans l'article de l'exportation ; pour fournir les nombreux équipages de ces vaiffeaux il en faut auffi beaucoup, outre ce qu'ils emportent fous le nom d'*aventures*, pour vendre aux planteurs. Ce plan étant clairement prouvé, comment fe foutiendront les allégations du rapport ?

Le fait eft que les habitans de Jerfey pourroient fabriquer plus de laine, fi on leur en accordoit plus d'Angleterre. J'ai passé souvent de Jersey à Granville, à Portball & à Carteret, dans des barques & des vaisseaux de différentes grandeurs, & j'ai eu l'occasion d'en voir toutes les cargaisons. J'ai vu souvent de grands assortimens des manufactures de Jersey, de celles d'Angleterre & du tabac, exportés secretement en France, mais jamais je n'ai su qu'on ait essayé de faire sortir de l'île une seule once de laine; les habitans sont si jaloux de leur laine, qu'un homme qui essayeroit d'en exporter, seroit fort maltraité de ses voisins, & probablement obligé de chercher ailleurs une habitation plus sûre : une saisie faite dernierement, montre l'esprit de la justice de l'île à ce sujet. Il y a quelques mois qu'un sloop françois allant de Saint-Malo à Bordeaux, assailli par le mauvais tems, relâcha à Jersey; il avoit à bord de la laine que tout l'équipage assuroit avec serment être de la laine de France, mais il ne put donner de certificat pour le prouver ; elle fut faifie & confifquée contre l'avis des gens les plus modérés de l'île qui s'oppofoient vivement à cette violence. Je ne dois pas paffer fous filence une autre affertion extraordinaire de M. Anftié , (appendix n°. 7). « Le princi- » pal commerce des habitans étoit au- » trefois la bonneterie , mais il eft réduit » aujourd'hui prefqu'à rien , particuliere- » ment à Guernefey , & les habitans de » Jerfey ne portent pas à préfent à Saint- » Malo , à Granville & à Cherbourg , le » tiers de ce qu'ils y portoient de bas ; » ces bas étoient tricotés par des payfans , » qui pour la plupart , font devenus » riches dans la guerre ; de forte que ce » commerce qui s'étoit étendu feule- » ment par néceffité , eft très-diminué à » Jerfey , & réduit prefqu'à rien à Guer- » nefey ainfi qu'à Alderney ». Le com- merce n'a jamais été confidérable avec Cherbourg , il n'eft pas actuellement di- minué , même au témoignage de Mr M.... que j'ai l'honneur de connoître auffi bien

que l'ami de M. Anſtié, & je ſuis per-
ſuadé qu'il ne dit pas que la laine qu'il
envoie à Vire, à Elbeuf, à Louviers, &c.
vient de Jerſey ; il n'eſt pas probable que
l'exportation dans les autres parties de la
France, ait été réduite par le traité de
commerce ; à l'égard de Guerneſey &
d'Alderney (1), comme la quantité de
laine accordée à la premiere, n'eſt que de
2000 rods de 28 liv. & 400 pour la ſeconde, le commerce connu ne ſauroit
y être fort conſidérable.

La perſonne qui a été envoyée « ſur les
» côtes de France pour faire des décou-
» vertes », & qui paroît avoir autant de
connoiſſance des faits qu'il apporte, que
de la langue angloiſe, « auroit pu paſſer
» à Jerſey » ; s'il y avoit paſſé, en
effet, il auroit trouvé ſans une grande
pénétration, que les payſans ne tri-

------

(1) Notre voyageur ne ſavoit pas qu'on accordoit 200
rods de 28 livres à Sarck, car cette ile auroit tenu une place
diſtinguée dans le rapport ; on auroit prouvé qu'elle en exportoit 250, proportion gardée aux autres iles.

côtent jamais. On a observé dans une
lettre sur Jersey, insérée dans cet ouvrage,
que cet emploi étoit celui des femmes ;
cette assertion, que les paysans de Jersey
se sont enrichis dans la guerre, est également
faussé : il est vrai que quelques marchands qui ont armé en course, ont été
heureux ; mais il doit y avoir peu de
simples matelots qui assurent s'être enrichis par les prises. Malheureusement
pour l'île c'est le contraire qui est vrai ;
la plupart des femmes y sont réduites à
une situation bien plus triste qu'avant la
guerre ; ceux qui devoient leur apporter
les dépouilles de l'ennemi, ont été pris
par des forces supérieures, ou *pressés* à
bord des vaisseaux de ligne anglois. Un
grand nombre de braves matelots de
l'île ont été engloutis dans les flots par
plusieurs tempêtes. J'ai à peine vu une
femme dans les années 1781 & 1783,
qui n'eût à pleurer la perte d'un mari ou
d'un fils dont l'honnête travail avoit
longtems éloigné l'indigence de sa chau-

miere. L'île n'est pas une exception à la
regle générale, la guerre, quelque heu-
reuse qu'elle soit, est toujours un terrible
fléau pour le peuple.

Quant à la différence entre l'exportation licite de 1787 & de 1785, si une
pareille bagatelle demandoit une sérieuse
explication, on pourroit observer que
l'exportation des manufactures de Jersey
pour le Portugal, a reçu depuis ces dernieres années, un échec dont celles d'Angleterre n'ont pas été tout-à-fait exemptes.
Il faut espérer que le traité de commerce
avec ce royaume, si longtems attendu,
ouvrira de nouveaux débouchés à nos
manufactures.

Il faut observer que Jersey recueille
une petite quantité de laine ; l'espece
propre à la draperie est manufacturée en
étoffes grossieres à l'usage des pauvres
gens, celle qui est propre au peigne sert
à faire de gros bas. La France peut, si
elle trouve que cette laine lui convient,
en emporter tant qu'elle veut, sans au-

cune difficulté, excepté celle d'Angleterre dont, je le répete, les habitans de l'île font très-jaloux.

Ces obfervations ont été faites, non dans le deffein de prendre part à la conteftation qui s'eft élevée entre les propriétaires des terres & les manufacturiers, mais feulement pour rendre hommage à la vérité, en difculpant un peuple loyal & induftrieux, de ces accufations qui n'exiftent que dans l'imagination d'un partifan intéreffé. Je ne puis cependant m'empêcher d'obferver que l'examen de M. John Sharpe fournit une forte preuve en faveur du fyftême que M. Young recommande avec tant d'intérêt ; qu'il me foit permis de citer la queftion & la réponfe :

« *Q.* Penfez-vous que d'empêcher l'exportation frauduléufe de la laine, feroit un bon moyen d'empêcher celle de toutes les autres marchandifes »?

R. Je ne doute point que cela ne fût très-propre à fupprimer l'importation

frauduleufe

frauduleufe du vin, de l'eau-de-vie, du tabac, &c. &c. puifque les grands profits que font les fraudeurs fur l'exportation de la laine les mettent en état d'acheter ces autres marchandifes, & en cas de faifie faite à leur retour, ils gagnent toujours.

D'après ce témoignage il doit paroître inconteftable que le nouveau bill (1) augmentera néceffairement l'exportation frauduleufe des autres marchandifes, puifque les profits fur la laine augmenteront en proportion que fon prix baiffera dans ce royaume; & que le meilleur moyen d'extirper la fraude feroit une exportation bien réglée de la laine.

____

(1) Il eft encore digne d'attention que le tems choifi pour l'introduction de ce bill, eft d'après le même témoin, celui où l'exportation clandeftine de la laine eft diminuée.

FAVEURS accordées à la culture du chanvre & du lin.

LE gouvernement d'Angleterre a senti l'utilité d'encourager dans cette île la culture du chanvre & du lin ; il accorde annuellement une prime de 3 sous par poids de 14 livres de chanvre, & de 4 f. pour le même poids de lin ; & quoique cette faveur soit trouvée insuffisante pour engager les cultivateurs à préférer la culture de cette plante à celle de plusieurs autres ; le gouvernement a cependant employé en récompense dans les années

1783 la somme de 1833 l. sterl.
1784   2164   19 fch.
1785   2395   14   9 f.

Cette augmentation dans les primes fait bien voir qu'on s'adonne à cette culture. On verra par la table suivante combien elle s'est accrue dans le seul comté de Norfolk.

	Chanvre.			Lin.		
Années.	Stones de 14 liv.	Acres.	Stones pour acres.	Stones.	Acres.	Stones pour acres.
1781	1095	54	32	36	1	36
1783	1954	58	33	266	9	29
1784	3299	99	33	1210	38	31
1785	3826	118	32	1644	62	26
1786	8239	214	38	6997	160	26

M. Arthur Young assure qu'il y a des districts très-propres à la culture de ces deux plantes, où elle est entièrement inconnue, il pense qu'il seroit très-avantageux de l'y établir ; pour cela il voudroit qu'on doublât les primes, ce qui seroit 20 schellings par acre, & seroit suffisant pour engager à entreprendre cette culture ; lorsqu'elle seroit bien établie, ce qu'il suppose exiger vingt ans, on supprimeroit les primes, parce qu'alors les profits de la récolte suffiroient pour continuer à cultiver ces plantes.

OBSERVATIONS *sur le bill des laines*; *par M. YOUNG.*

*A*PRÈS *avoir démontré que jamais une classe d'hommes n'a fait une tentative aussi tyrannique ni plus attentatoire que celle que font les manufacturiers à la liberté & à la propriété d'une autre classe de citoyens*, M. Arthur Young continue ainsi :

Je vais calculer l'exportation clandestine des laines, prétexte du bill, & tâcher de découvrir quelles font les manufactures françoises alimentées de laine angloise, & jusqu'à quel point ces manufactures nous rivalisent ; tous objets très-importans, & qui forment les bases de cette discussion. Pendant l'été dernier 1787, j'ai parcouru en France un espace d'environ mille lieues ; j'ai passé dans les villes les plus renommées pour leur lainerie, & surtout dans celles qui emploient à ce que l'on suppose, des laines angloises.

J'ai eu l'attention de prendre les informations néceſſaires, & de me procurer
des échantillons de preſque tous leurs
objets de manufacture, avec leurs prix,
leur largeur, & la laine dont elles étoient
fabriquées; j'ai auſſi pris note des qualités & des prix des laines produites par
toutes les provinces où j'ai paſſé. Le réſultat de ces recherches m'a prouvé in-
vinciblement qu'il étoit impoſſible que la
quantité de laine fraudée d'Angleterre en
France, fût conſidérable, que pas une ſeule
manufacture dans ce royaume ne ſeroit
obligée d'interrompre ſes travaux, quand
même le commerce interlope des laines ſeroit détruit à jamais; enfin, que les manufactures françoiſes, dans leſquelles on
fait uſage des laines angloiſes, ne ſont
pas à beaucoup près les plus floriſſantes,
ni même du nombre de celles qui nous
rivaliſent avec le plus de ſuccès. Le premier de ces faits m'a détrompé moi-même,
car je croyois que les fraudeurs, attendu

la différence de prix entre les deux royaumes, faisoient un commerce beaucoup plus étendu ; mais ce qui prouve ce fait encore mieux que tous les calculs d'appromixation, c'est la copie d'un état officiel que je me suis procurée, & qui est à tous égards la piece la plus authentique & la plus complette que l'on puisse desirer.

Un ministre, il y a fort peu de tems, fit dresser en France des états de commerce d'importation & d'exportation, afin de connoître la balance ; il prit toutes les précautions pour connoître exactement la valeur des divers objets de contrebandes. On recueillit des informations de toutes especes dans les ports, & on approcha de la vérité, autant qu'un ministre peut en approcher, l'article de la laine, est un des plus considérables de cet état ; je vais le présenter à mes lecteurs ».

Évaluation des laines importées en France pendant l'année 1782.

D'Espagne , ... 13600000 liv.

De Portugal , ... 2000000

De Naple & de Sicile, . . 4131000

De l'État Ecclésiastique, 1485000

De la Turquie , ... 2795000

De l'Angleterre, ... 312000

De la Hollande , ... 1300000

Des villes anséatiques , . 1848000

———————

(1) TOTAL. . . . 27471000 liv.

« Cette somme réduite en argent d'Angleterre, sur le pied de 10 & demi

———————

(1) M. Necker estime à 70 millions de livres tournois l'importation des matieres premieres, propres aux manufactures, telle que le chanvre, le coton, la soie, la laine, le lin, les cuirs, l'ivoire, les drogues, les teintures, la cire, les bois, &c. On voit donc que la laine, montant elle seule à plus de 27 millions, est de tous ces objets le plus important. (Administration des finances, tom. II, p. 132).

R iv

deniers sterling pour livre tournois (1),
forme 1211873 livres sterlings ».

« Je n'ai pas besoin d'observer que le
résultat d'un pareil examen mérite plus
de crédit que les idées vagues que l'on a
sur ce point en Angleterre, où communément l'on ne fait ces recherches qu'afin
de rassembler des armes pour ou contre
quelque mesure qui intéresse vivement
ceux qui la proposent ou ceux qui la combattent en Angleterre, les exportations
étant clandestines & sévèrement punies
lorsqu'elles sont découvertes, nous n'avons
pas de moyens d'en apprécier la valeur :
en France, les importations ne sont point
clandestines ; il est donc infiniment plus
aisé de les connoître. L'objet du ministre

---

(1) Cette réduction, quoique la plus commune, n'est
point exacte ; le chevalier James Stuart, qui a traité mieux
qu'aucun écrivain des mémoires des deux royaumes, cal-
cule sur le pied de 22 liv. & demie tournois pour livre sterl.
(Political Enquiry, vol. 11, p. 405). Il compte 49922
grains d'argent fin dans l'écu de 6 liv., & établit la proportion du grain, *poids de marc*, au grain anglois *poids
de Troyes*, comme 121,78 est à 100. (Vol. II, p. 75).

François étoit de se procurer des notions
certaines sur tous les objets du commerce,
sans s'attacher particulierement à aucun,
& il avoit certainement, pour y par-
venir, plus de moyens que tous les
marchands Anglois. A Beauvais, Abbeville, Amiens, Lille, &c. les villes
où l'on estime qu'il se consomme le plus
de laine angloise, j'ai pris les informations les plus exactes & les plus nombreuses ; les fabricans conviennent tous,
& très-franchement, qu'ils emploient
réellement de la laine angloise ; mais ils
ajoutent que c'est en très-petite quantité ; & quant à l'idée que leurs fabriques
dépendent absolument de ces laines, ils
la rejettent avec mépris. On en use plus
dans les *baracans* d'Abbeville & d'Amiens,
& dans les *camelots* de Lille, que dans
toute autre étoffe ; ni l'une ni l'autre ne
rivalisent nos étoffes du même genre ;
elles ne sont pas non plus entierement
faites de laines angloises, celles de Hollande, &c. étant employées dans ces

fabriques en plus grande quantité que les nôtres.

Les bayettes de Beauvais, que l'on suppofe égales en beauté aux bayettes de Colchefter, & que l'on a citées tant de fois comme compofées de laine angloife, n'en contiennent point du tout. Elles font faites de laine de Brie, de Pologne, d'Italie, mêlées avec les baffes laines d'Efpagne : après cet expofé que devons-nous penfer de cette quantité prétendue immenfe, à laquelle les monopoleurs voudroient nous faire accroire que monte le commerce interlope des laines ? L'état précédent montre qu'on en exporte affez pour que des perfonnes intéreffées à faire baiffer le prix des laines, préfentent cette exportation peu confidérable, comme un commerce très-important, & inventent tout ce que l'avarice, aidée de la crédulité, peut imaginer de plus tyrannique envers les propriétaires des terres.

On voit donc que l'exportation actuelle

de 13650 livres sterling (évaluation des 312000 l. t.) en laine, suffit pour justifier tous les *faits* allégués par les partisans du bill. Cette exportation fournit assez d'occasions de prouver qu'il en existe réellement une, ce qui, joint aux saisies de certaines quantités de laines surprises, fournit assez d'aliment aux clameurs de l'intérêt personnel & aux rapports exagérés que les personnes intéressées à cette spéculation, ne cessent de répandre ; mais que l'on demande à ces mêmes personnes pourquoi on exporte en France une somme de 13000 liv. sterl. en laine ; ne seront-elles pas forcées d'avouer que c'est parce que le prix des laines en Angleterre, est celui du *monopole*, & qu'en France il est l'effet d'un commerce libre ? & j'aurai à faire sur cette partie de la question, les observations suivantes.

Il est évident, par l'état ci-dessus rapporté, que la France a plus besoin de laines que l'Angleterre ; & tous les témoignages de nos manufacturiers dans les époques diverses, tendent à prouver les encouragemens étonnans que le gouvernement de France a donnés aux manufactures de laineries. Tous les écrivains sur l'économie politique, ont vanté les efforts, la justesse & l'intelligence des François sur cet objet; on pourra s'en convaincre en lisant les observations d'un manufacturier du comté de Northampton, sur les laines angloises, *in-4*°. 1738, *l'article France*, dictionnaire de *Postleshwayte*, & différens passages des *mémoires de Smith*. Ces auteurs ayant une si haute opinion de la conduite de la France, relativement aux laines, il est à propos d'examiner sa politique, relativement aux exportations, quoiqu'elle ait besoin d'une plus grande quantité de laines étrangeres que nous qui n'en importons que d'Espagne.

Nous trouvons dans les conseils de ce royaume, un des exemples de la politique la plus profonde & la plus sage que les annales du commerce puissent nous offrir.

En 1711 il furvint dans le Rouſſillon une mortalité parmi les moutons, en conſéquence de laquelle le conſeil promulgua un arrêt en date du 15 Juin de cette année, par lequel il prohiboit l'exportation des moutons de cette province. La prohibition dura juſqu'en 1717, en 1740 il y eut une autre épidémie générale, & le 7 Juin de cette année, le conſeil défendit de nouveau l'exportation. Lorſque la contagion fut paſſée, l'édit n'ayant pas été révoqué, il ſe fit des exportations clandeſtines, de ſorte qu'en 1762 on ſaiſit trois mille moutons qui paſſoient en contrebande du Rouſſillon en Eſpagne: ce fait ayant de nouveau fixé l'attention du conſeil, il penſa que la prohibition de 1740 auroit dû ceſſer avec ſa cauſe, & que puiſque les exportations clandeſtines reparoiſſoient, c'étoit une preuve ſuffiſante que l'exportation devoit en être permiſe; en conſéquence, le 17 Août 1763 un nouvel arrêt permit la libre exportation des moutons hors du

royaume , ainſi que celle des bœufs ,
vaches , &c. en payant un leger droit de
7 deniers par mouton de la valeur de
6 francs , & de 10 ſous par bœuf de la
valeur de 100 francs , ... « parce que le
meilleur moyen de réparer des pertes de
cette eſpece, eſt de laiſſer aux cultivateurs
la liberté de renouveler leur troupeau, &
les encourager par l'eſpoir d'une vente
avantageuſe, ſoit au-dedans ou au dehors, laquelle ne ſauroit avoir lieu dans
un état de prohibition qui ôte au fermier
la facilité d'échanger ſes productions au
plus grand avantage ». L'effet en fut très-
ſenſible dans toutes les provinces du
royaume ; les choſes changerent de face
dans le Rouſſillon , & en 1766 un ſeul
bureau enregiſtra l'exportation de 14000
livres (1).

Le lecteur ne ſauroit juger de la force
& de la conviction que nous apporte ce
fait, s'il n'eſt informé en même tems que

____

(1) Carlier , p. 599.

le Rouſſillon produit la plus belle laine de France, laine qui ſurpaſſe beaucoup de laines d'Eſpagne, & ne cede la ſupériorité qu'à celles de Ségovie : de cette laine ſont fabriqués les draps *londrins* de Carcaſſonne pour le levant, manufacture la plus floriſſante de toute la France, ſans exception, en ce qui concerne ſa rivalité avec l'Angleterre.

Examinons actuellement la conduite de la France ſur cette queſtion, la plus délicate de celles qui concernent ſes intérêts de commerce : l'une de ſes manufactures les plus conſidérables, conſiſte en laine ; ainſi donc elle ne peut manquer de regarder leur accroiſſement comme très-avantageux ; tout le royaume, les François en conviennent, & le prouvent par l'importation des laines étrangeres, a beſoin de moutons. Quelle eſt néanmoins la conduite de la France ? *Elle permet la libre exportation ſous un droit très-leger* (1) ; & quel eſt l'effet de cette

____

(1) Ce droit eſt ſi modique, qu'on ne doit le conſidérer

mefure ? *L'éducation des moutons eft en-couragée, les manufactures fleuriffent, & les chofes prennent une nouvelle face* ».

« Cet exemple eft tiré de la politique d'un peuple que l'on fait avoir donné l'attention la plus fuivie aux manufac-tures, & dont les efforts en leur faveur font vantés comme exemplaires en An-gleterre, par ces mêmes perfonnes qui veulent aujourd'hui amener une mefure effentiellement différente. Pourquoi les partifans du bill fe contentent-ils de rai-fonnemens vagues & abftraits en faveur de leur plan ? — Qu'ils aient recours à l'expérience ; fi leur projet eft bon, qu'ils produifent les expériences fur lefquelles il eft appuyé ; mais ils favent bien que cette même expérience leur eft défavo-rable, & ils font forcés de l'avouer toutes les fois qu'ils s'adreffent au parlement ; qu'alleguent-ils aujourd'hui ? Que les loix

---

que comme un acquit d'enregiftrement, & non comme un impôt deftiné à empêcher l'exportation.

telles

telles qu'elles exiſtent ſont inſuffiſantes ;
qui a fait les loix ? Ne ſont-ce pas ces
mêmes commerçans en laine ? Pendant
la longue conteſtation de 1730 à 1740,
ils avoient fait les mêmes plaintes. Le
bill de ce tems-là déclare que le commerce interlope des laines étoit *conſidérable* & notoire ; ils veulent aujourd'hui
établir ce délit comme une *félonie*, & le
punir par la *tranſportation* ; c'eſt préciſément ce qui fut ſtatué par l'acte des trei-
zieme & quatorzieme années du regne
de Charles II ; quel en fut l'effet ? L'acte
des ſeptieme & huitieme années du roi
Guillaume, révoqua cette punition,
comme trop ſévere pour être exécutée ;
cependant ils veulent renouveler ces loix
pénales que *leurs propres* actes ont pro-
noncées inutiles & dangereuſes. Quel
fut l'état des manufactures en laine pendant la ſage & longue adminiſtration
d'Eliſabeth ? Elles furent plus floriſſantes
qu'à aucune autre époque ; doit-on l'attribuer aux prohibitions & aux peines ?

Non sans doute, mais *à ce que le commerce de la laine non ouvrée étoit aussi libre que celui des laineries.*

Je suis donc fondé à dire que l'expérience est contre les fabricans ; qu'ils ne peuvent citer aucun document historique en leur faveur, qu'ils ne peuvent citer l'exemple d'aucune autre nation commerçante, ni aucune analogie dont ils puissent se prévaloir , puisque nous avons la liberté d'exporter les matieres premieres de nos autres manufactures les plus florissantes (1); à quoi peuvent-ils donc avoir recours ? A des échapatoires , à des raisonnemens abstraits , confus , à des allégations , à des citations qui sortent de la question , à des remarques puériles , à des injures personnelles , en un mot, à

______

(1) Excepté le produit immédiat des terres , cette permission est presque générale ; mais les propriétaires des biens-fonds ont toujours été , comme le disoit le chevalier *Walpole* , le *mouton* que l'on tond à volonté , tandis que les manufacturiers sont le *cochon* dont on ne peut toucher la moindre soie , sans faire crier tout le troupeau.

tout ce qui n'est point *fait*, *expérience* &
raison.

Tandis que les manufacturiers François se soutiennent, malgré le prix libre
de la laine en Europe, les nôtres preten-
dent qu'ils seroient ruinés si on les met-
toit en même position ; & pourquoi cela ?
C'est, à les entendre, parce que le prix
des vivres & de la main-d'œuvre est beaucoup plus bas chez l'étranger qu'en Angleterre.

C'est-là une de leurs assertions, car
personne n'est plus prêt à en avancer
qu'eux, pourvu que vous ne leur deman-
diez point de preuves. Je vais démontrer
que le prix des vivres est de très peu de
chose plus bas en France qu'en Angleterre ; qu'à Lille même, ville où il se travaille le plus de laine angloise, ils sont
plus chers qu'en Angleterre, plus chers
même tout compris, & que le prix de
convention de la main-d'œuvre, n'y est
point à meilleur marché ; je dis le prix
de convention, le prix de la journée,

car le prix réel de la main-d'œuvre, la quantité ouvrée en un jour eſt à meilleur marché en Angleterre qu'en France (1). Vivre pauvrement, n'eſt pas avoir les vivres à bon marché; & ſi nos commerçans en laine, ſous prétexte de faire fleurir leurs manufactures, tentoient d'introduire la maniere de vivre des François parmi le peuple Anglois, je ne vois pas qu'ils puiſſent mieux y réuſſir qu'en ſe conduiſant comme ils le font dans le comté de Suffolk, c'eſt-à-dire en faiſant des retenues arbitraires ſur les ſalaires, en retenant 4, 5 & 6 ſous ſur chaque ſchelling de travail, & en réduiſant ainſi des ouvriers à une vie plus miſérable encore que celle de l'ouvrier François. Si

____

(1) M. Young dit dans un autre endroit de ſes annales d'agriculture, que le prix ordinaire des villes manufacturières de France, varie entre 20 & 40 ſous par jour; que l'idée des fabricans avec leſquels il a converſé, eſt que le travail en Angleterre eſt meilleur marché que le même travail en France; que l'ouvrier Anglois eſt regardé comme ſi ſupérieur à l'ouvrier François, qu'une aune d'étoffe, ou un poids donné de laine, ſeroit manufacturé à meilleur marché en Angleterre qu'en France. N. du T.

l'on essayoit en France une pratique aussi scandaleuse, ce peuple sensible se révolteroit à cette idée ; ils croiroient manquer à leur conscience & blesser le sens commun, en disant : *nous avouons que votre salaire est de 12 sous , mais c'est notre plaisir de ne vous en payer que 7.* La France n'offre point un pareil despotisme, & ceux qui voudroient le trouver, ne pourroient le chercher que dans certaines manufactures angloises de laineries.

Comme on s'est beaucoup prévalu du bon marché des vivres en France, particulierement dans les villes qui font le commerce des laineries, & comme Lille emploie plus de laine angloise qu'aucune autre, je vais rapporter le prix des vivres tels que je les y ai pris le 5 Novembre 1787 , saison dans laquelle tout le monde sait que le pain & la viande sont à très-bon marché.

liv. sch. s.

Le pain commun, o o 1 (1) la livre.

____

(1) Il faut se rappeler que le sou anglois vaut 2 s. tournois.

	liv.	sch.	s.	
Bœuf, mouton, veau, ...	0	0	4	la livre.
Le porc, ...	0	0	5	
Le beurre, ...	0	0	7	
Le fromage, . . .	0	0	·7	
Les chandelles, . .	0	0	6 & demi.	
Une volaille, . de	0	2	1	à 3 f. & demi la piece.
Un dindon, . de	0	3	11	à 4
Une oie, ...	0	3	6 & demi.	
Un canard, ...	0	1	1	
Un pigeon, . . de	0	0	3	à 6
Les œufs, la douzaine, ...	0	0	6 & demi.	
Une corde de bois de deux charges,	2	12	6	
Une rasiere de charbon de terre, d'environ 2 boisseaux anglois, .	0	2	7 & demi.	

Les charges de bois font petites, &
par conféquent cheres; le prix des loyers
doit être fort haut, car tout, jufqu'aux

caves, est rempli de monde, les fortifi-
cations ne permettant point aux habitans
de s'étendre.

« Je pourrois insérer ici beaucoup
d'autres prix des vivres, qui prouveroient
cette vérité qu'il n'y a plus de raison de
supposer aujourd'hui que les François
peuvent nous rivaliser par le *bon marché
des subsistances*, quoique tous nos écrivains économiques l'aient répété à l'envi.
De-là il résulte évidemment que si les
laineries des deux nations se trouvent au
pair, tandis que les François payent leur
laine beaucoup plus cher que nous, c'est
qu'il y a quelque vice intérieur dans l'administration de nos manufactures, auquel il faut remédier. Nos fabricans en
coton achetent cette matiere premiere
des François eux-mêmes, qui n'ont im-
posé sur son exportation qu'un droit d'un
sou (2 s. tournois) par livre pesant : ils
payent, outre l'assurance & le fret, le transport intérieur ; ils travaillent ces cotons à
des salaires de convention, fort chers ; ils

payent de nouveau le port, l'assurance,
les autres frais & 12 pour 100 de droit ;
& cependant ils introduisent cette manufacture , malgré cette accumulation
de charges , & la vendent de 10 , & dans
quelques articles jusqu'à 20 pour 100
meilleur marché que les manufactures
françoises de coton : on ne peut pas dire
que nous arrivons à ce point à l'aide des
machines , car les François emploient
nos propres machines , comme je l'ai vu
moi-même dans plusieurs parties de ce
royaume ; nous aurions le même résultat
si nous passions en revue la sellerie, la poterie, la quincaillerie ; s'il en est de même
des laineries , je serois bien aise de voir les
monopoleurs en convenir ; je leur deman-
derois alors pourquoi ils veulent de nouvelles loix pénales , que cet aveu prou-
veroit être absolument inutiles ; mais si ,
selon leur coutume , ils assuroient le contraire , alors le contraste frappant que
nous venons de voir entre une manufacture écrasée de monopole , & celles qui

n'en ont point , nous donne un tableau
dont nous pouvons tirer des conclusions
fort claires.

Mais à propos de cette comparaison
entre les laineries des deux royaumes ,
une autre circonstance me servira de
preuve. Toutes les villes manufacturieres
du nord de la France , non-seulement
Rouen & d'autres en Normandie où l'on
manufacture le coton , mais celles de
l'Artois , de la Picardie & de la Flandre ,
qui s'occupent principalement des laineries, entr'autres Lille , Abbeville , Amiens,
&c. toutes ces villes, dis-je, à la derniere
alarme d'une guerre avec l'Angleterre ,
n'avoient qu'une voix pour exprimer
combien elles desiroient cet évenement ;
elles considéroient le traité de commerce
comme si nuisible à leurs fabriques, que
tout ce qui en pouvoit suspendre ou dé-
tourner , ne leur sembloit pas trop payé
au prix d'une guerre. Je sais ce fait per-
sonnellement , & tous ceux qui ont parcouru ces provinces avec des oreilles ,

favent également cette vérité, c'est une autre question de savoir s'ils avoient tort ou raison ; mais on peut croire qu'ils connoissoient autant leurs intérêts que les manufacturiers Anglois.

Ce fait, cependant, semble réfuter complettement l'assertion des partisans du bill, que ces villes françoises font en état de vendre meilleur marché que nous, à l'aide de nos laines fraudées ; argument, s'il étoit vraie, qui seroit extrêmement en leur faveur, mais qui malheureusement pour eux, n'est nullement fondé.

C'est une chose non-seulement amusante, mais instructive, que de revenir, après que des mesures violemment combattues, ont été exécutées, & qu'il s'est passé quelque tems depuis cette exécution, sur les faits & les raisonnemens qu'on avoit allégués contre elles, nous avons occasion de faire un essai de cette nature dans *l'examen complet du traité de M. Eden* ; on trouve dans ce pamphlet de l'opposition, des preuves *bien conçues*

& fondées sur les faits, que les manufactures angloises seroient ruinées par le
traité ; on y voit le nombre de pouces
carrés d'une étoffe de manufacture angloise, mis en opposition, avec le même
calcul fait sur une piece françoise ; les
prix y sont comparés, & la décadence
de l'Angleterre prédite comme chose in-
faillible (1).

Heureusement l'auteur & son livre
sont condamnés aujourd'hui par le meilleur des tribunaux, celui de l'expérience ;
mais sans cette épreuve, on devoit
connoître suffisamment ici les manufactures françoises, pour réfuter sur le champ

---

(1) Voy. sur cette question importante, 1°. observations
de la chambre du commerce de Normandie, sur le traité
de commerce entre la France & l'Angleterre, *in*-4°. de
75 pages ; 2°. Lettre à la chambre du commerce de Normandie, sur le mémoire qu'elle a publié relativement au
traité de commerce avec l'Angleterre, *in*-8°. de 185 pages.
3°. Réfutation des principes & assertions contenus dans
une lettre qui a pour titre : lettre à la chambre de commerce de Normandie, &c. par M. D. P. *in*-8°. de 80 pages.
1788.

la maffe énorme d'erreurs & de méprifes
dont cet ouvrage abonde depuis la premiere jufqu'à la derniere page. J'ai des
échantillons, avec les mefures & les prix
de la plupart des manufactures dont il
parle, & je puis affurer qu'en général
la comparaifon eft prefque toujours en
faveur des manufactures angloifes : circonftance qui coïncide avec le defir qui
régnoit généralement parmi les manufacturiers de toute efpece dans le nord de la
France, de reprouver le traité & de de-
firer la guerre.

Cependant les partifans du bill en reviennent toujours à ce que la laine eft
exportée; cela eft vrai, j'ai montré en
quellequantité pour la France, quant aux
autres pays nous pouvons juger affez-bien
de la nature de leurs exportations, par
celle qui a été découverte au port de
Hull, & que les comités des fabricans
de laine ont repréfentée comme une
preuve de l'énormité de la fraude, & du
degré étonnant où elle eft montée :

comme ce cas est curieux relativement à
l'esprit & aux suites de nos loix pour le
commerce des laines, je vais le présenter
à mes lecteurs tel qu'il a été rapporté par
un officier même de la douane de Hull.

> 340 liv. de laine britannique,
> non ouvrée, ont été
> fraudées à bord du *Mars*,
> vaisseau Suédois, destiné
> pour Gefle en Suede,
> cap. Anders, pour Hem-
> lin, 1786.
> 150 liv. dito à bord de *l'Au-*
> *rore*, en Août 1786;
> Jean Wannberg, maître.
> 160 liv. dito, même navire.
> 80 liv. dito, à bord de la
> Marie - Madeleine, en
> Août 1786, Erie Wals-
> broth, maître.

Total. 730 liv. pesant.

Les trois navires furent tous saisis dans
le port de Hull; c'étoit de la laine grasse

prife fur les bords de la riviere de *Humbert* , dans le comté d'York.

« Lorfque le Mars fut faifi cette année, le fecond maître de ce navire accufa l'homme qui avoit fourni la laine , & ce dernier accufa les autres maîtres. Les fabricans en laine , de Leeds , nommerent un comité pour fuivre les dépofitions , mais on ne put avoir aucune autre information ».

« Voilà donc le produit de la contrebande à Hull pendant deux années ; car il n'eft point du tout probable qu'il y eût dans cette affaire d'autre agent que celui qui fut découvert ; cela eft même indifférent , puifque les portions de laine prouvent fans aucun doute qu'elles ne pouvoient être deftinées pour aucune manufacture confidérable ; il paroît plutôt par la modicité des portions à bord de chaque vaiffeau , que le maître & fon équipage s'étoient procuré cette laine dans la vue d'en approvifionner leurs familles & peut-être leurs voifins pour les ufages domef-

tiques. A-t-on jamais entendu dire que
les manufactures suédoises du port de
Gefle soient jamais entrées en concurrence avec celles d'Angleterre ? Mais ce
fait prouve une vérité qui intéresse essen-
tiellement les biens-fonds, c'est que le
prix des laines est baissé en Angleterre à
un prix si honteux qu'il n'est point de
pays dans le continent où elles ne soient
plus cheres que les nôtres dans une proportion suffisante pour engager les étrangers à les exporter. Tous les pays avec lesquels nous commerçons cherchent à établir des manufactures, & cependant le
gouvernement, dans chacun de ces pays,
a une assez haute idée de la justice & de
l'honnêteté pour l'empêcher de sacrifier
les intérêts de tous à l'intérêt particulier,
quelque préférence que ces nations accordent aux manufactures, elles ne voyent
pas de raison de tromper leurs fermiers
pour mettre de l'argent dans la poche
des fabricans en laine ».

On voit donc que ce fait, qui a excité

tant de réclamations de la part des fabricans, ne prouve autre chose sinon
qu'il s'exporte de petites quantités de
laine; circonstance que personne ne sau-
roit révoquer en doute, du moment que
des loix défectueuses ont restreint le prix
des laines au-dessous du niveau commun
auquel toutes les nations, excepté les
Anglois, se soumettent à leur avantage;
mais ce fait prouve bien d'autres choses
encore aux yeux de ceux qui combattent
le nouveau bill des laines. — Voici trois
navires & toutes leurs appartenances qui
sont saisis, leurs propriétaires ruinés &
réduits à la misere pour avoir fraudé de
très-petites portions de laine. Sans examiner le principe général de nos loix
pour le commerce des laines, & en nous
bornant actuellement à ce fait en lui-
même, je demande au monopoleur le
plus décidé, je demande à l'homme le
plus avide, si l'emprisonnement de quelques uns de ces délinquans, si la fuite des
autres, si la saisie des propriétés & la ruine

de

de tous, n'eſt pas un équivalent plus que
ſuffiſant de la nature & de la valeur de
cette offenſe ? Quoi ! les monopoleurs
regrettent de ne pouvoir pas envoyer à
la Baye-Botanique *Joſeph Stockill*, qui a
ménagé cette exportation ? Connoiſſent-
ils donc aſſez peu la nature humaine
pour croire que des punitions outrées
arrêteront la contrebande, ou qu'il y ait
d'autre remede à cet abus que d'en diminuer la tentation ? Si les ſévérités extrêmes que l'on propoſe étoient adoptées,
nous les verrions demander la corde au
ſiecle prochain, pour opérer ce que la
tranſportation n'a pu faire, & toutes ces
meſures cruelles & tyranniques ſeroient
embraſſées, non pour aſſurer la proſpérité
de l'état, non pour aſſurer la paix de
l'Angleterre, en la mettant ſur un pied
de défenſe formidable, mais pour ſatiſ-
faire l'intérêt perſonnel qui s'engraiſſe
d'un monopole également ruineux pour
les propriétaires de bétail, pour les pauvres
& pour les manufactures elles-mêmes, &
qui n'eſt avantageux qu'à des individus

T

qui s'enrichiſſent des dépouilles de toutes les autres claſſes de la ſociété.

Il eſt un autre point de vue ſous lequel cet objet peut être conſidéré, & je crois être fondé à répéter qu'il eſt plus important que bien des gens ne le penſent.

Les manufacturiers avancent que la quantité de laine fraudée eſt immenſe, & que les François ne peuvent s'en paſſer. Ces aſſertions ſe trouvent dans une telle quantité d'ouvrages, qu'il ſeroit inutile de les citer ; en leur accordant par ſuppoſition que c'eſt une vérité, il arrivera de deux choſes l'une, ou vous ſerez en état d'empêcher, ou vous ne ſerez pas en état d'empêcher cette fraude.

Suppoſons que le parlement ſacrifie tout principe de légiſlation, & tous les autres intérêts du royaume, à votre intérêt perſonnel ; qu'il vous arme du pouvoir ſuffiſant pour exécuter ce projet ; que vous ayez obtenu le grand objet auquel vous viſez depuis ſi longtems, l'enregiſtrement des laines ; ſuppoſons le pouvoir légiſlatif prêt à taxer les propriétaires de bétail dans une proportion aſſez forte

pour payer les milliers de contrôleurs, de
gardiens, de commis, de peseurs, &c.
nécessaires dans le nouveau plan, ce qui
est précisément ce que vous proposiez il
y a quarante ans, supposons que tout
cela est fait & que la contrebande est ar-
rêtée pour quelque tems, quelle en sera
la conséquence ? La voici : — Le propriétaire de bétail se trouveroit si absolument
à la merci de l'acheteur, que le prix de la
laine tomberoit à rien ; & cet état d'avi-
lissement étant un très-grand encouragement pour le commerce clandestin, celui-
ci reprendroit ; ou bien le fermier, op-
primé d'un côté par des taxes, & trompé
de l'autre dans le prix, abandonneroit
entierement l'éducation des moutons ;
mais dans l'intervalle, quelle seroit la
conduite de la France ? Car c'est précisément sur ce point que porte l'argument ,
en convenant qu'elle a besoin d'une laine
plus fine & plus longue que celle qu'elle
possede aujourd'hui , peut-on supposer
qu'elle verroit tranquillement ses manufactures se détruire & s'anéantir ? Non
sans doute ; elle feroit tous ses efforts

pour produire ces laines dans le royaume ; elle encourageroit les enclos dans ses riches provinces du nord ; elle consacreroit une portion de chaque ferme aux pâturages ; elle convertiroit ses jacheres en riches récoltes de navets, de choux & autres plantes économiques, & ses moutons qui sont aujourd'hui nourris en hiver avec de la paille, seroient conduits selon un systême tout différent ; quel en seroit le résultat ? Est-il besoin de le dire, & ces mêmes hommes sont-ils assez prévenus ou assez ineptes pour ne pas le savoir ? *La France produiroit alors d'aussi belles & d'aussi longues laines que l'Angleterre, & ses salines seroient aussi productives qu'aucune de celles du comté de Lincoln.*

Ceux qui connoissent ces provinces, peuvent juger de la vérité de cette assertion. C'est ainsi que les principes du monopole ruineroient la production des laines dans cette île, les effets qui en résulteroient forceroient la France à une conduite qui les rendroit abondantes & peu cheres chez elle.

F I N.